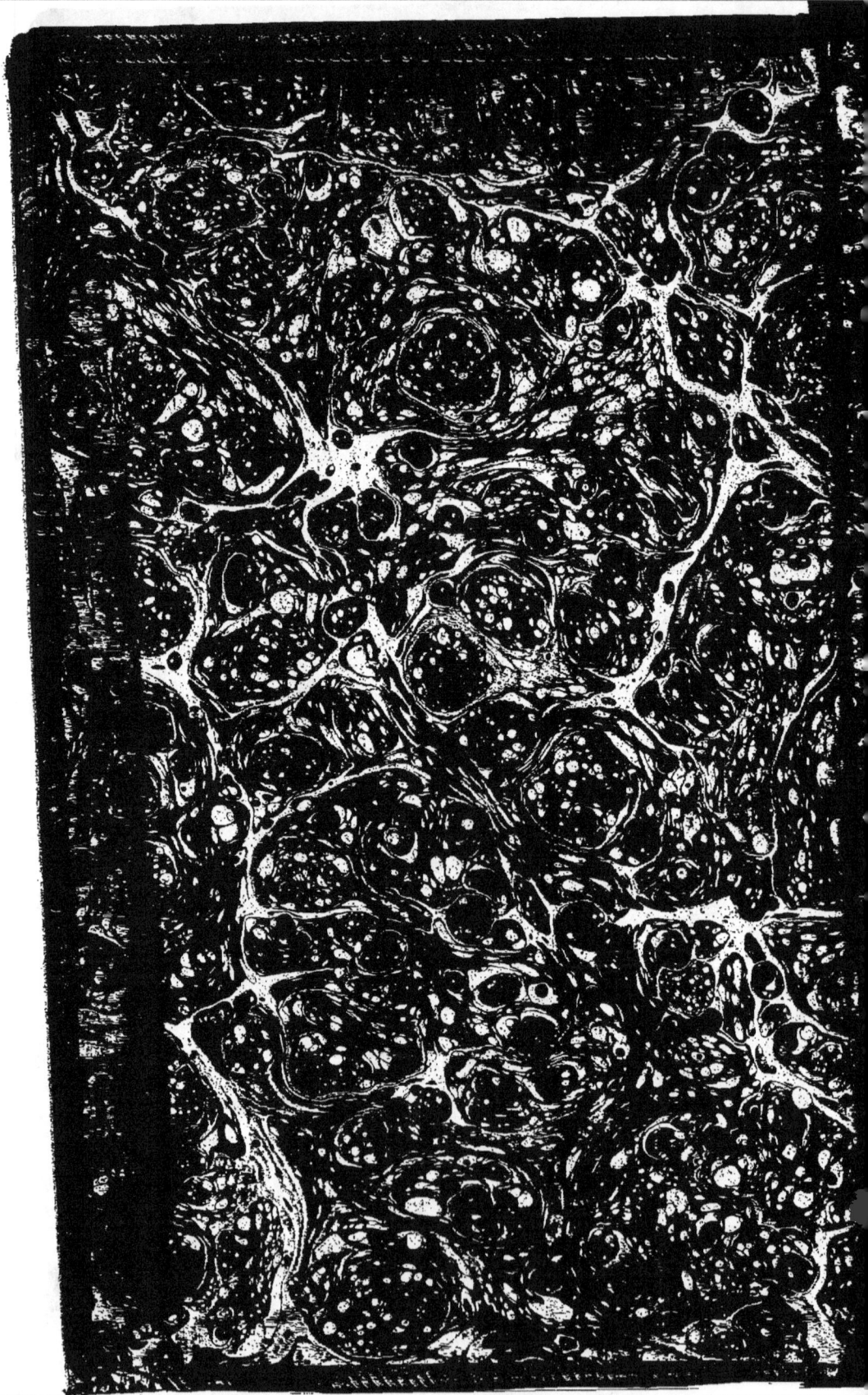

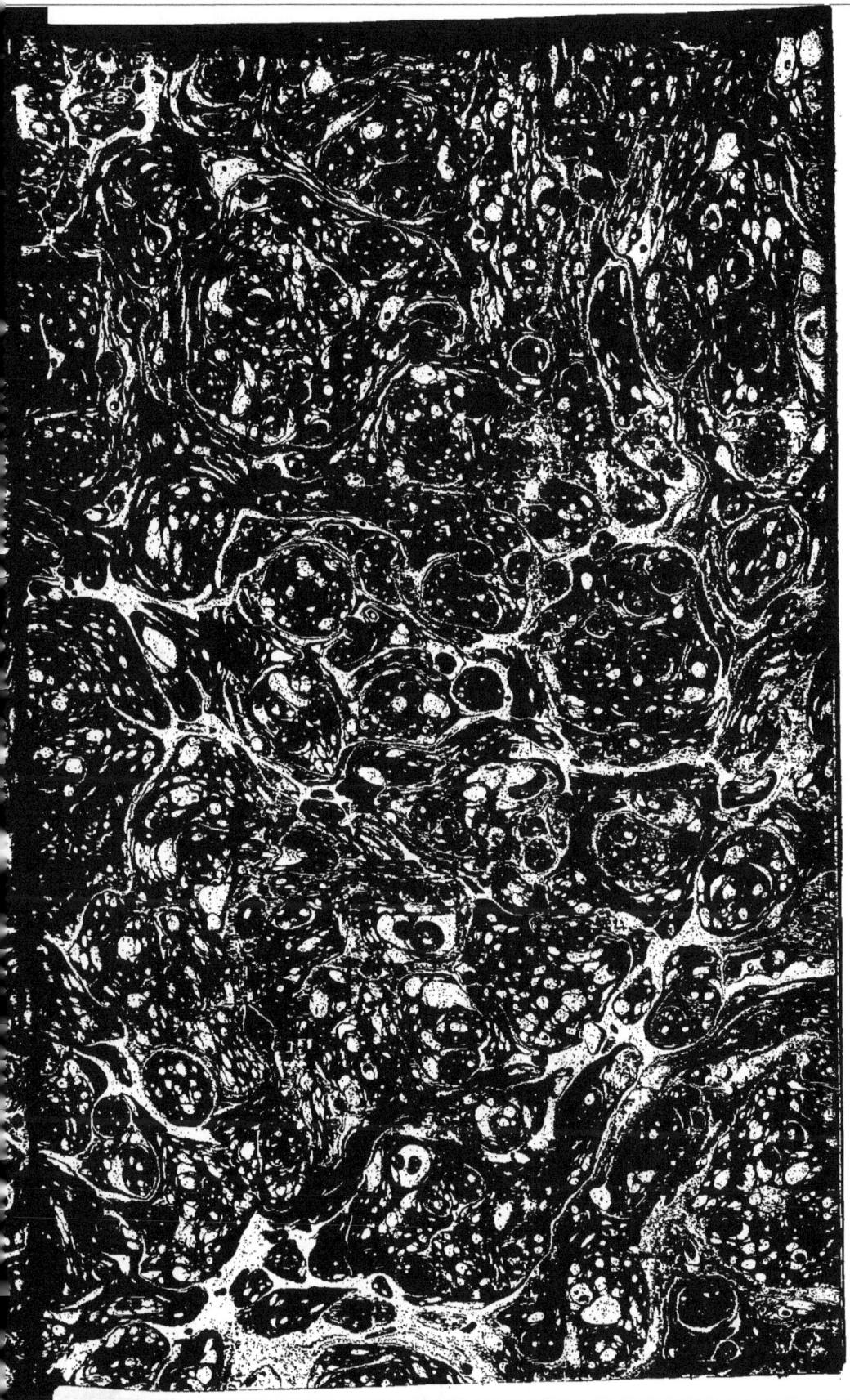

DE LA NÉCESSITÉ

ET

DES MOYENS

DE PERFECTIONNER

LA LÉGISLATION HYPOTHÉCAIRE;

Par E. A. HUA (de Mantes), ex-législateur,

Avocat à la Cour de Cassation et au Conseil des Prises.

———

PARIS,

Chez
{ L'Auteur, rue des Bons-Enfans, n°. 28;
Le Normant, Imprimeur – Libraire, rue
de Seine, n°. 8;
Et au Palais de Justice.

1812.

A

SON ALTESSE SÉRÉNISSIME

MONSEIGNEUR

LE DUC DE PARME,

PRINCE,

ARCHICHANCELIER DE L'EMPIRE.

Monseigneur,

Votre Altesse m'a permis de lui dédier cet ouvrage : je sens tout le prix de cette faveur, et déjà mon travail a reçu sa plus noble récompense.

J'ai traité un sujet dont l'importance est majeure. Les lois hypothécaires tiennent à toutes les fortunes; elles se lient à une multitude de contrats : gardes vigilantes, elles sont placées dans l'intérieur, pour défendre le domaine et assurer le repos des familles.

Serois-je assez heureux pour atteindre le but d'utilité publique que je me suis proposé ? il est doux de l'espérer, il seroit présomptueux de le croire.

Mais, si j'ai pu fixer l'attention de Votre Altesse ; si elle a daigné jeter sur cette œuvre imparfaite un de ces regards qui embrassent l'étendue, qui pénètrent les profondeurs de la législation, elle aura saisi ce point de vérité qu'il n'est donné qu'au génie d'apercevoir, et peut-être mon foible essai lui donnera-t-il le sujet des plus hautes méditations.

Je l'offre avec confiance au Magistrat illustre, au Législateur fort de science et de sagesse, qui, dans des tems de troubles, a fait briller la lumière; qui, au sein des agitations et des orages, a su poser d'une main ferme, ces principes conservateurs du droit, auxquels tous les intérêts devoient se rallier un jour.

Je suis, avec un profond respect,

MONSEIGNEUR,

De VOTRE ALTESSE SÉRÉNISSIME,

Le très humble et très obéissant serviteur,

HUA.

DISCOURS PRÉLIMINAIRE.

J'ENTREPRENDS une chose difficile.

Je propose des changemens à une loi, et cette loi fait partie du Code, et elle tient à la propriété. J'ose donner mes foibles idées sur un point de législation redoutable, qui a été refondu trois fois (1), qui, pendant dix ans, a fait le sujet des méditations les plus profondes, des discussions les plus solennelles.

Quel est donc mon espoir? Est-ce de mieux penser, de mieux faire? Non: la vanité présomptueuse est loin de moi. Guidé par l'expérience, j'ai vu l'état des choses, et je me suis dit:

Il y a, dans la législation hypothécaire, de bons principes et de malheureux résultats.

Il y a dans la jurisprudence, diversité de doctrine et contrariété d'arrêts.

(1) Lois des 9 messidor an III, 11 brumaire an VII, 28 ventose an XII.

a.

Le mode d'exécution est difficile, l'effet des actes est incertain ; et la propriété, environnée de formes en apparence conservatoires, est souvent compromise, et périt par les institutions mêmes qui devroient la consolider.

D'où provient ce désordre ? Pourquoi la législation hypothécaire produit-elle tant de controverses ? Quelle est la cause de cette fermentation qui agite encore ses élémens, qui fait sortir de son sein, comme d'un ample foyer de discordes, des discussions jusqu'alors inconnues, des procès d'une espèce nouvelle, effrayans par leur nombre, par leurs formes, par l'incroyable fécondité avec laquelle ils se reproduisent ?

Cette cause, je l'ai recherchée, et j'ai cru la trouver dans l'affoiblissement des vieux principes, qu'on peut regarder comme les colonnes hypothécaires ; dans l'innovation qui a rendu l'hypothèque divisible, qui, lorsqu'elle est conventionnelle, l'a rendue forcément spéciale ; dans les modifications qu'on a fait subir à ce droit qui n'est pas flexible de sa nature, qui ne se ploie point suivant les espèces, et qui doit les régir toutes d'une manière uniforme. Cette cause m'a paru provenir encore de la fausse interprétation du principe de la publicité. Elle a été établie dans l'intérêt des tiers. Pourquoi donc imaginer que l'inscription puisse être annulée en elle - même, par ses propres vices ? Elle ne doit l'être que lorsqu'elle a lésé le droit, l'intérêt d'autrui.

Je ne me dissimule pas les difficultés de mon sujet; je ne sais si je serai assez heureux pour en vaincre quelques unes. Mais il est d'une telle importance, qu'il appelle tous les efforts; un essai, même malheureux, portera avec lui son excuse.

C'est ici la matière générale du droit : car toutes les autres y aboutissent. L'hypothèque marche à la suite des contrats pour en assurer l'exécution; elle se saisit par avance du gage qui doit en répondre un jour. Si la probité s'altère, si les facultés diminuent, le gage reste; il a été mis en réserve, il est hors d'atteinte des chances de la fortune et de la mauvaise foi des hommes.

Mais comment l'hypothèque sera-t-elle la garantie des contrats, si elle est elle-même incertaine et mal assurée? L'est-elle en effet, ou par quelque vice de la législation, ou par erreur dans l'interprétation, ou par le concours de ces deux calamités réunies?

Les faits parlent, si les causes sont inconnues.

Il est de notoriété qu'on ne remplit qu'en tremblant les formalités hypothécaires.

Le mode de conservation des hypothèques est tellement conçu, qu'il en résulte mille moyens de les perdre.

On a mis des nullités à tout, et

des actes conservatoires sont jugés comme des actes de rigueur.

Et ces nullités que la loi primitive ne prononçoit pas, mais que la jurisprudence a déclarées, ont obtenu, depuis, la sanction du législateur (1).

Ainsi la loi a consacré la jurisprudence. Il faut qu'on juge aujourd'hui qu'un créancier qui, dans l'acte qui vient de lui (le bordereau d'inscription), a suivi les indications requises de la manière la plus scrupuleuse et la plus ponctuelle, n'en a pas moins perdu ses droits, si, dans un acte qu'il ne peut faire (l'inscription sur le registre), il y a omission de telle ou telle formalité.

Et cependant que signifient les formalités dans l'espèce? rien. L'intérêt public ne veut qu'une chose, la publicité des hypothèques. Dès qu'un registre annonce qu'un tel est débiteur, qu'il l'est de telle somme, qu'il a hypothéqué ses immeubles ou tel de ses im-

_____

(1) Loi du 4 septembre 1807.

meubles à la sûreté du paiement, toute la prévoyance de la loi est remplie.

Cette prévoyance va dégénérer en une inquisition aussi minutieuse qu'inutile, si, outre la publicité de la dette, on exige, à peine de nullité, la publicité des détails dont la stipulation se compose. C'est donc alors le contrat, tout le contrat qu'il faut rendre public, et la loi n'avoit ordonné que la publicité de l'hypothèque.

En effet, une seule chose importe au prêteur : c'est de savoir si les biens de l'emprunteur sont libres, ou de quelle dette antérieure ils sont grevés. Il prête ou ne prête pas ; il prête plus ou moins, suivant l'état de situation que la loi lui donne le moyen de vérifier. Voilà le but de la publicité rempli.

Mais la jurisprudence devenue loi, n'est pas satisfaite. L'inscription est comme environnée de piéges. Elle peut être nulle par erreur dans les prénoms, dans la profession, dans le domicile réel ou élu du créan-

cier, dans la date du titre, dans l'é-
poque de l'exigibilité de la créance.
Elle peut l'être par bien d'autres acci-
dens encore; par mille moyens que
l'esprit de perfection a libéralement
procréés. De là une foule de procès
qui seroient risibles dans leurs discussions, s'ils n'étoient désastreux
dans leurs résultats. On ne peut plus
dormir en paix sur une inscription.

Ainsi, le placement regardé comme
le plus sûr, le placement par hypothèque, se trouve exposé à des chances
jusqu'alors inconnues.

Un droit immobilier de sa nature,
qui s'attache à la terre, qui s'y incorpore, est exposé, comme les propriétés en mer, à des naufrages.

Si tel devoit être l'effet du nouveau
régime, il seroit permis de regretter
celui des lettres de ratification. L'édit
de 1771 n'étoit pas une bonne loi,
mais ses formes, quant à la conservation de l'hypothèque, étoient simples.
Le créancier faisoit une opposition.

Cet acte ne spécifioit rien; mais il avertissoit qu'il existoit une créance avec hypothèque, et qu'aucun immeuble du débiteur ne pouvoit être vendu qu'à la charge du paiement. Mais la nature, la quotité de la créance, la date du titre, l'époque de l'exigibilité, tout restoit inconnu; il n'y avoit aucun vice en cela.

Le vice de cette législation étoit à la formation, à la naissance du droit d'hypothèque. Un propriétaire étoit grevé au delà de la valeur de ses immeubles, et personne ne pouvoit le savoir. Il avoit encore les moyens d'emprunter, quand il n'avoit déjà plus les moyens de payer; et les prêteurs crédules qu'il avoit trompés, n'avoient contre lui que la stérile ressource d'une demande en stellionat.

C'est à cet abus de l'ancienne législation, que la nouvelle remédie très bien. L'hypothèque, jusqu'alors cachée dans le sein d'un contrat, vient se montrer sur des registres; et la

publicité est tellement de son essence, qu'elle ne prend date, qu'elle
ne commence à exister, que du jour
de son inscription.

Entre le créancier et le débiteur,
cette disposition n'étoit pas nécessaire ; par l'effet seul de la stipulation, l'un étoit suffisamment obligé
et grevé envers l'autre.

La disposition n'étoit utile, elle
n'a été introduite que dans l'intérêt
des tiers. L'inscription, en signalant
les hypothèques préexistantes, fait
connoître au prêteur les charges de
l'immeuble qu'on lui offre en gage,
lorsque, sous le régime de l'édit
de 1771, ces charges restoient inconnues.

Ainsi, l'obscurité des hypothèques,
dans le tems de l'édit, favorisoit la
mauvaise foi, et leur publicité actuelle
donne le moyen de s'en garantir.

Le principe de la publicité des
hypothèques est donc d'une bonté
incontestable.

Mais quel bien en résultera-t-il si le mode, pour établir cette publicité, est par trop difficile ? Qu'importe d'acquérir l'hypothèque avec sûreté, si l'on ne peut la conserver qu'à travers mille dangers ?

Chose remarquable ! l'ancienne et la nouvelle législation sont frappées de vices égaux, quoique différens.

Par l'édit de 1771, on n'acquéroit qu'une hypothèque incertaine, puisqu'au moment de sa stipulation, on ne pouvoit pas savoir si l'immeuble étoit libre, et s'il n'étoit pas déjà grevé, même absorbé par des charges antérieures et inconnues. Mais s'il y avoit place pour l'hypothèque stipulée, rien n'étoit plus facile que de la conserver.

Par la loi nouvelle, on stipule l'hypothèque avec la plus grande sûreté ; mais on court les plus grands dangers pour la conduire à son but, qui est le paiement.

La première loi péchoit par la

cause, la seconde manque par les effets ; et si la cause et les effets produisent des chances égales, des maux équivalens, on n'aura donc rien gagné au changement ?

Il faut qu'il y ait ici un vice grave ; il faut que ce principe plein de vie, qui donne la publicité à l'hypothèque, et qui ne lui donne pas la sûreté, ait été ou mal conçu, ou mal compris, ou mal organisé dans ses moyens d'exécution.

Au surplus, des erreurs dans les moyens d'exécution, sont aisément réparables.

Mais des causes plus graves paroissent nécessiter même la révision de la loi.

Ce n'est pas assez de donner à l'hypothèque la publicité, il faut lui rendre les élémens qui sont de sa nature, et sans lesquels elle est incomplète, informe et défigurée. Il faut reconnoître qu'elle est générale, intégrale, indivisible ; et dans la loi actuelle, toutes ces qualités essentielles et primitives, ne sont pas également respectées. Non que ce droit ainsi modifié, se prêtât plus facilement à la publicité, il en étoit également susceptible sans ces innovations : mais les nouveaux principes hypothécaires ont paru avantageux sous d'autres rapports.

Dans les essais les plus heureux, il y a la part du génie, et aussi la part de l'inexpérience. Cela est inévitable, puisque l'expérience n'arrive qu'avec le tems. C'est à l'application qu'on juge de la bonté des lois ; jamais application ne fut plus malheureuse que celle de la nouvelle loi des hypothèques.

Je porte à la législation de mon pays l'obéissance qu'elle commande, aux magistrats qui l'interprètent, le respect qui leur est dû ; mais je crois m'associer aux intentions du législateur et des juges, en publiant des idées qui, dans leur imperfection même, peuvent devenir utiles, si leur semence fructifie, et en fait naître de meilleures.

Tota in toto , et tota in qualibet parte. Voilà, depuis des siècles, la définition du droit d'hypothèque. Cette définition consacre en principe ses deux qualités éminentes, la généralité, l'indivisibilité.

La loi nouvelle ne veut pas céder au principe; elle veut que le principe lui cède : la main puissante du législateur le fait ployer pour la première fois; elle lui imprime des modifications jusqu'alors inconnues.

Ainsi, la généralité est conservée aux hypothèques légale et judiciaire.

Elle est refusée à l'hypothèque conventionnelle.

A leur tour, les hypothèques légale et judiciaire ont perdu l'indivisibilité, car on peut les réduire.

La conventionnelle la conserve et n'est point soumise à la réduction.

Voilà les changemens majeurs que le fond du droit a subis.

Quant à ceux que la publicité lui imprime dans sa forme, il en est résulté un droit nouveau, qui, sans atténuer la force de la stipulation, en fait dépendre l'effet de l'accomplissement de certaines formalités.

Nous posons pour bases invariables, la généralité, l'indivisibilité, la publicité de toutes les espèces d'hypothèques, et nous entreprenons de démontrer,

1°. Qu'à l'instar des hypothèques légale et judiciaire, l'hypothèque conventionnelle est générale de droit, et sur les biens présens, et sur les biens à venir;

qu'elle ne peut être spéciale que de fait, et par la convention ;

2°. Que les hypothèques légale et judiciaire doivent être indivisibles, comme l'hypothèque conventionnelle ;

3°. Que l'inscription de toute hypothèque ne peut être annulée que dans deux cas réunis : lorsqu'elle ne donne pas la publicité, et qu'à défaut de cette publicité, il y a eu lésion du droit d'un tiers.

Ces trois propositions sont fondamentales : avant de les établir, il est utile d'en préparer la discussion par un aperçu rapide sur l'état de la législation et de la jurisprudence.

CHAPITRE PRÉLIMINAIRE.

—

§. Ier.

De l'état de la Législation.

En général, les obligations civiles dérivent des lois naturelles, et comme celles-ci ne changent point, elles offrent à tous les législateurs des règles primitives, immuables, par l'autorité desquelles les droits des hommes sont uniformément définis. Dans toutes les législations, on trouve les mêmes principes sur le prêt, sur la vente, l'échange, la donation, sur une multitude de contrats.

Mais le droit d'hypothèque ne remonte pas à cette origine commune; sa stipulation n'est qu'accessoire à un engagement déjà formé. C'est un acte de garantie, et par conséquent de défiance de la part de celui qui l'exige. On peut s'en passer, l'étendre, le restreindre, le modifier absolument comme on veut.

Les Romains n'avoient pas donné à ce droit l'importance qu'il a pour nous. Ces législateurs qui ont établi avec tant de profondeur et de sagacité les principes des conventions, n'ont

1

donné, sur la convention hypothécaire, que quelques règles éparses.

Les législations modernes n'ont pas été plus soigneuses. Dans plusieurs pays, il n'y avoit que des usages ; dans quelques autres, il y avoit absence d'usages comme de loi (1). L'hypothèque étoit passée en silence ; elle étoit inconnue ou négligée dans les stipulations, et c'étoit là sans doute le plus bel hommage qu'on pût rendre à la foi des contrats.

Au surplus, la convention d'hypothèque, comme toutes les conventions ordinaires, étoit renfermée entre les parties contractantes. On n'avoit pas senti la nécessité d'en faire la confidence au public, on n'avoit pas songé aux points de contact et de communication qu'elle a avec l'intérêt des tiers.

Le principe de la publicité étoit, pour ainsi dire, réfugié dans les contrées voisines de la France, et dans quelques unes de ses provinces appelées pays de nantissement. On pratiquoit là des formes simples, par lesquelles chacun prenoit, pour ainsi dire, sa part d'hypothèque. Le créancier faisoit transcrire son titre au greffe de la situation des biens de son débiteur. Dès lors, tous les biens de cet arrondissement

_____

(1) En Provence.

étoient grevés à son profit : c'étoit une main-mise, une véritable installation de l'hypothèque sur l'immeuble. L'hypothèque tiroit sa sûreté de la publicité, car les greffes étoient publics; et quand le propriétaire montroit ses biens, le greffe montroit ou leur franchise ou leurs charges. Ce système n'étoit pas fondé sur la bonne foi, mais il en atteignoit les effets, dès qu'il rendoit la mauvaise foi impossible.

Aussi, cette institution fut-elle maintenue; et quand l'édit de 1771 vint régir la France, l'entrée de ces provinces lui fut interdite. Le parlement de Flandre refusa l'enregistrement de l'édit. Il fit à cette occasion des remontrances qui, sans doute, étoient motivées par l'intérêt public, puisque le gouvernement les respecta (1).

Cet édit, d'ailleurs, n'étoit qu'une loi incom-

(1) Voici les termes de ces remontrances :
« Elles sont (les formes du nantissement) regardées » comme le chef-d'œuvre de la sagesse, comme le sceau, » l'appui et la sûreté des propriétés, comme un droit » fondamental dont l'usage a produit, dans tous les tems, » les plus heureux effets, et a établi autant de confiance » que de facilité dans les affaires que les peuples belges » traitent entre eux...... »
L'édit de 1771 ne fut pas loi non plus en Bretagne, Roussillon, Alsace, Artois.

I.

plète. Il ne remplissoit bien qu'un objet, celui de faciliter la vente des immeubles. Les lettres de ratification donnèrent à l'acquéreur le moyen de rendre sa propriété libre : ce fut un grand bien sans doute de voir tomber les formes ruineuses des décrets volontaires; mais c'étoit un grand mal de laisser subsister les formes dévorantes des saisies réelles. Ce réglement foible, imparfait, obéi ici, méconnu ailleurs, devoit faire place à une loi générale. Quel sera le principe de cette loi? Quelle garantie donner à une nation puissante et riche, où la civilisation est extrême, où les transactions ne sont plus simples, parce que les intérêts sont composés, compliqués de mille manières? C'est là qu'il faut porter la lumière; c'est là qu'il faut établir la publicité.

L'idée de la publicité des hypothèques, léguée pour ainsi dire à la France, par le testament politique de Colbert, s'est montrée aux jours de la révolution. A cette époque mémorable, où l'esprit national étoit en fermentation, où toutes les institutions alloient se fondre au feu des plus ardentes discussions, ce principe de la publicité excita de grandes et vives controverses. Calomnié par la crainte, exalté par l'espérance, toujours attaqué, toujours défendu, et toujours avançant dans sa marche laborieuse, il a subi des modifications diverses, suivant les tems et les hommes qui dominoient.

En l'an III, la convention l'avoit fait servir à un projet de finance. On touchoit au terme du papier-monnoie ; l'argent étoit enfoui ; une défiance générale, et malheureusement trop bien motivée, paralysoit tous les moyens de crédit. On eut l'idée extraordinaire de mobiliser les propriétés foncières, et de les mettre en circulation.

Des effets à ordre qu'on appeloit cédules hypothécaires, alloient faire courir à la bourse, les terres et les maisons ; de superbes banques alloient s'établir pour en escompter les valeurs ; et la propriété, qui jusqu'alors n'avoit confié au commerce que le tribut de ses produits, alloit se précipiter toute entière sur le plus vaste champ qu'on eût encore ouvert à la cupidité.

Aussi, la loi de messidor excita toutes les défiances ; le corps-législatif prorogeoit sans cesse l'époque, par trop redoutable, de sa mise en activité. Dans cette crise, le système hypothécaire manqua d'être étouffé par le système financier. Il l'eût été infailliblement, si de bons esprits n'eussent séparé ce principe de vie, des élémens de mort qui l'environnoient.

La loi du 11 brumaire an VII parut. L'hypothèque y est réduite à ses élémens naturels ; des

règles simples établissent le moyen de l'acquérir, de la conserver, de purger, et d'exproprier
à défaut de paiement.

Cependant les législateurs de ce tems eurent
beaucoup d'obstacles à vaincre : le principe
même de la loi ne leur fut pas concédé. Il fallut,
pour ainsi dire, l'emporter de vive force. La publicité, qui ne devroit alarmer que les hommes
de mauvaise foi, fut présentée comme une innovation funeste, qui alloit dévoiler le secret des
fortunes, tuer le crédit des propriétaires. On
peut voir, dans les discussions de ce tems, à
quelle exagération les sollicitudes furent por-
tées. Les mêmes intérêts qui avoient fait suppri-
mer l'édit de 1673, dû à la sagesse de Colbert,
se liguoient pour empêcher la renaissance de
son système, et l'établissement de la nouvelle loi.

Mais il y avoit, dans la législature, des dé-
putés des pays de nantissement, très étonnés
que les institutions salutaires de leurs provinces
parussent si dangereuses pour le reste de la
France. Leur opinion, secondée par le suffrage
des hommes les plus éclairés dans les deux
conseils, prévalut.

Cette loi de brumaire produisit un grand
bien, l'unité de législation; concurremment
avec la loi de messidor, l'édit de 1771 avoit
prolongé son empire. Il y avoit des hypothèques

publiques et des hypothèques cachées ; on conservoit par opposition ou par inscription, *ad libitum*. Ainsi, il y avoit des conservateurs des deux régimes, tenant leurs tables à part, et dans cet état transitoire, qui ne faisoit qu'accroître l'anxiété publique, plus d'un procès naquit, plus d'un droit légitime fut perdu.

Mais l'époque glorieuse de toutes les restaurations arrive ; le code Napoléon se lève avec éclat sur la France : il répand sa lumière sur toutes les régions du droit civil. Devant lui se dissipent et disparoissent les obscurités de cette science fameuse, et mille controverses qui avoient divisé les jurisconsultes pendant des siècles, sont terminées.

Honneur à ce bel ouvrage qui a dépouillé les lois de leurs subtilités, et ne leur a laissé que leur substance ; qui a resserré les liens de la famille par la puissance paternelle, consolé la nature par l'adoption ; qui a également respecté les intérêts et les affections des hommes ; réunion admirable d'autorité et de sagesse ; prodige de science, élevé au milieu de prodiges de gloire, pour ajouter à l'éclat d'un règne, auquel rien ne peut plus être comparé !

Le code a consacré la publicité des hypothèques : il a donné plus de garantie aux hypothèques légales des femmes et des mineurs : il

a prévu le cas de la perte ou du dépérisse-
ment des immeubles, et offert au créancier les
moyens d'obtenir ou de nouvelles sûretés, ou
le remboursement de sa créance ; il a adouci
le droit de suite de l'hypothèque, sans lui nuire,
et sauvé l'acquéreur des atteintes directes à sa
propriété, quand d'autres propriétés restent
dans la main du débiteur. Enfin, la sollicitude
du législateur s'est exercée pour donner le plus
de perfection possible à la nouvelle loi.

Mais il y a donc dans la matière des obstacles
qu'on ne peut vaincre ! Comment se fait-il
qu'avec de bons principes, on obtienne de
mauvais résultats ? Quel est le génie qui s'est
emparé des élémens d'une nouvelle création, qui
les a de nouveau confondus, qui a mis l'obscurité
à la place de la lumière, et fait succéder à l'ordre
le chaos ? Cela paroît inexplicable : mais il
faut observer que toute institution nouvelle,
quelque bonne qu'elle soit, a des habitudes à
changer, des opinions à diriger, des préjugés
à vaincre, des intérêts souvent rebelles à réduire ; il faut voir que la vérité elle-même doit
combattre, et que rien ne s'établit solidement
que par les forces combinées de la sagesse et
du tems.

Quand la publicité des hypothèques fut attachée à des formes, leur omission fut diverse-

ment envisagée; on se disputa pour savoir si celle-ci étoit grave ou légère, si elle entraînoit, ou non, la perte du droit. Les tribunaux divisés rendirent des jugemens contradictoires. Des milliers d'intérêts étoient compromis de toutes parts; il fallut réclamer l'intervention du législateur.

La loi du 4 septembre 1807 parut. Elle peut être comparée à ces rescrits des empereurs, donnés en interprétation pour des cas particuliers; pourtant, avec cette différence, que ces actes d'autorité, et presque toujours d'indulgence, ne profitoient qu'à ceux qui les avoient sollicités, et laissoient subsister, pour tous, les dispositions générales du droit : tandis que cette loi, dont l'indulgence passagère fut le secours du moment, imprima à la loi générale, un caractère plus sévère et plus rigoureux pour l'avenir.

Mais pour concevoir la nécessité de cette loi particulière, il faut voir comment s'étoit prononcée la jurisprudence des tribunaux.

§. II.

De l'état de la Jurisprudence.

L'introduction de la publicité a assujetti le droit d'hypothèque à des formes, non dans sa constitution, mais dans le mode de sa conservation.

L'hypothèque existe bien par la convention, mais c'est un être encore inerte, et qui ne s'animera qu'au flambeau de la publicité. Elle ne prend son rang, elle n'assure ses droits, que du jour où elle est rendue publique par l'inscription.

L'inscription est donc devenue partie intégrante de l'hypothèque, en ce sens qu'elle lui donne la date, et la date est tout pour un droit qui, habituellement en concurrence avec d'autres, n'est jamais mieux assuré que par la priorité.

C'est une innovation très remarquable en principe, et très féconde en effets, que celle qui a transplanté la date de l'hypothèque, de l'acte de sa stipulation où elle résidoit jusqu'alors, à l'acte de son inscription où elle est confinée aujourd'hui.

Ce changement, en apparence de peu d'intérêt, est devenu très grave ensuite par les idées qu'on a conçues sur l'accomplissement de la formalité.

L'inscription qui, en théorie, ne présentoit qu'une idée simple, celle de l'avertissement qu'il existe une hypothèque sur tel propriétaire, est devenue, dans la pratique, et sans que jamais personne s'en fût douté, un acte d'une importance majeure, un acte tellement substantiel, que la plus petite omission de la plus petite de ses parties, entraîne irrévocablement la nullité du tout.

Dès lors, l'hypothèque a été déclarée vulnérable sur tous les points ; elle a pu périr par tous ses accessoires, et pleine de vie encore dans la convention qui lui a donné l'être, venir mourir et s'éteindre sur un registre de formalité.

C'est ici que s'ouvre ce fameux code des nullités, ce livre fatal, ce livre de mort, où l'on trouvera, au lieu d'inscriptions d'hypothèques, des inscriptions de ruines...... Il seroit trop long d'en recueillir tous les monumens déplorables ; un simple aperçu doit suffire, pour des choses qui sont déjà de notoriété.

C'est le conservateur qui fait l'inscription, et il la fait sur le bordereau que lui remet le créancier. La loi dit que le conservateur fait mention sur son registre, du contenu au bordereau ; mais la jurisprudence lui enjoint, au lieu d'une simple mention, apparemment une copie entière, puisqu'elle déclare nulle l'inscription pour l'omission d'une partie quelconque des indications contenues au bordereau.

Ainsi l'inscription est déclarée nulle,

Si elle ne contient pas les noms et prénoms du créancier (1) ;

Si elle n'indique pas sa profession, quand il en a une (2 ;

Si elle ne dit pas son domicile réel, même quand il a un domicile élu (3) ;

Si elle ne donne pas la date et la nature du titre (4) ;

Si elle ne montre pas l'époque de l'exigibilité (5);

Enfin, si elle n'indique pas l'espèce et la situation des biens (6).

Il est vrai que quelques uns de ces points de doctrine sont vivement controversés, et la justice n'a pas prononcé partout les mêmes oracles. Tandis que la cour de cassation pose en principe (arrêt du 6 juin 1810), que l'indication du domicile élu, ne dispense pas d'indiquer le domicile réel, la cour d'appel de

---

(1) Arrêt de la cour de cassation, du 7 septembre 1807.

(2) Arrêt de la cour de Besançon, du 21 juin 1808.

(3) Arrêt de la cour de cassation, du 6 juin 1810.

(4) Arrêt de la cour de Rouen, du 8 février 1806; de la cour de cassation, du 22 avril 1807.

(5) Arrêt de la cour d'appel de Paris, du 31 janvier 1807; loi du 4 septembre 1807.

(6) Arrêt de la cour de cassation, du 23 août 1808.

Paris posoit (arrêt du 16 février 1809) le principe contraire : « Que l'indication du domicile
» réel n'est point une des formalités substan-
» tielles de l'inscription, quand il y a indica-
» tion d'un domicile élu. Que dans ce cas,
» l'inobservation de la formalité, *ne violant pas*
» *le principe de la publicité, ne portant point*
» *de préjudice aux tiers, ne doit point entraîner*
» *la nullité de l'acte.* »

L'indication de l'espèce et de la situation des
biens, déclarée nécessaire dans tous les cas, à
peine de nullité, par la cour de cassation (arrêt
du 23 août 1808), n'est déclarée nécessaire par
la cour de Toulouse (arrêt du 17 juillet 1806),
que dans le cas où le débiteur n'hypothèque
qu'une partie de ses biens, et non lorsqu'il les
hypothèque tous.

Si l'on vouloit faire une compilation plus
étendue, on seroit étonné de la divergence et
de la chaleur des opinions. On diroit que la loi
a livré les tribunaux à la dispute. Il s'est élevé
entre eux deux systèmes principaux.

La loi, en donnant le bordereau comme élé-
ment de l'inscription, en disant que le contenu
au bordereau sera mentionné sur le registre,
n'a prononcé la nullité dans aucun cas, et l'on
s'étaie de son silence pour dire, que les nullités
sont de rigueur, qu'on ne peut ni les suppléer,

ni les étendre ; et qu'ainsi, déclarer une inscription nulle, quand la loi n'a pas dit une seule fois,
en quoi, et comment elle pourroit l'être, c'est
un véritable excès de pouvoir.

Mais on dit, au contraire, que tout ce qui
est de la substance d'un acte, doit s'y trouver
nécessairement, pour que cet acte existe ; qu'il
n'est pas besoin de prononcer la nullité d'un
acte qui n'est pas accompli. Or, la loi ne demande pas, dans une inscription, des choses
de pure forme ; elle exige des indications qui,
toutes, sont des parties intégrantes de l'acte,
parce que, toutes ensemble, elles donnent la
publicité que l'inscription doit offrir.

Ceux qui ne veulent point opter entre ces
deux opinions, peut-être extrêmes, demandent
quelques tempéramens, avec lesquels ils croyent
atteindre aussi le but de la loi.

Il n'est pas vrai, suivant eux, il n'est pas
même sérieux de dire que toutes les parties
d'une inscription soient des parties intégrantes
et substantielles de cet acte. Il est plus important, par exemple, de savoir le nom d'un créancier, que son prénom. Il n'importe plus, il
devient inutile d'avoir le domicile réel, quand
on a le domicile élu, auquel tous les actes qui
naîtront de l'inscription doivent être faits. Mieux
vaut cent fois savoir le montant de la créance

qui donne l'hypothèque, que d'apprendre si
elle est exigible, et à quelle époque elle le sera.
Et quant à l'espèce des biens, il n'est pas nécessaire que le débiteur la désigne spéciale-
ment, quand il a consenti l'hypothèque sur
tout ce qu'il possède, et qu'il ne reste plus de
portions libres à confondre avec les portions
grevées.

Suivant qu'ils ont cru à telle ou telle doctrine, les tribunaux ont prononcé. Les uns,
très durs, ont appliqué la nullité à tout; les
autres, très indulgens, n'ont voulu la voir nulle
part; et d'autres, scrutateurs de l'esprit de
la loi, ont adopté ou rejeté la nullité, suivant
que les omissions leur ont paru graves ou
légères.

Cependant, il y a en France un tribunal
suprême, fort de sa sagesse et de ses pouvoirs.
C'est lui qui doit déclarer le véritable sens des
lois et y ramener les tribunaux. Il dit quand la
loi est violée, quand elle est faussement appli-
quée; toutes les controverses du droit doivent
être, en définitif, terminées par l'autorité de
ses arrêts.

Dans la matière des hypothèques, la cour
de cassation paroît avoir adopté la doctrine la
plus sévère : c'est elle qui a posé le principe,
que presque toutes les parties dont se com-

pose l'inscription étoient substantielles , et qu'elles devoient être mentionnées, à peine de nullité.

Le système des nullités a donc prévalu. Mais alors des milliers de citoyens ont vu leur fortune compromise. Plus de possibilité de toucher aux inscriptions existantes : en s'inscrivant de nouveau, on perdoit la date de ses titres pour les inscriptions anciennes, la date du registre pour les nouvelles; c'étoit un désastre général. Il a donc fallu que le législateur intervînt; il l'a fallu, et son action a été évidemment forcée par l'action des tribunaux. Dès que l'on jugeoit partout la nullité, dès que le pouvoir qui juge ne peut être arrêté par aucun autre, il étoit de nécessité, ne pouvant réformer les juges, d'ouvrir un moyen de se conformer à la jurisprudence, et de refaire les actes, suivant le modèle donné par les arrêts.

Mais la mesure du législateur fut incomplète malgré lui. Il ne put pas d'abord réagir sur le passé. Or, depuis plus de sept ans que le nouveau régime étoit en activité, combien d'hypothèques perdues ! et la loi de 1807 dit que c'est sans retour, quand il y a des jugemens passés en force de chose jugée.

Ensuite le législateur n'a pas cru pouvoir étendre ses bienfaits à tous les cas de nullité;

il n'a permis de rectifier dans les inscriptions, que le seul défaut d'indication de l'époque d'exigibilité de la créance. Mais combien d'autres lacunes dans ces inscriptions, que les tribunaux déclaroient encore être des nullités ! et celles qui ne donnoient pas la date du titre, et celles qui n'indiquoient pas le domicile, qui omettoient l'espèce, la situation des biens.... Tous ces vices ne demandoient-ils pas grâce comme le premier ? Il n'y avoit eu mauvaise volonté d'aucune part ; il y avoit eu ignorance commune de la manière d'exécuter la loi. Cependant le législateur relève les uns, et ne subvient pas aux autres.

Enfin cette loi, qui ne réparoit ni le passé, qui n'étoit plus en son pouvoir, ni le présent, auquel elle ne portoit qu'un secours partiel, eut encore un effet rigoureux pour l'avenir. Ce fut de sanctionner, de consacrer comme des nullités, des omissions qui originairement n'avoient point été déclarées telles ; en disant que les inscriptions réformées ne deviennent valables, que dans les cas où on y a observé *les autres formalités prescrites.*

Voilà donc de simples indications de bordereau, érigées en *formalités* pour l'inscription, et ces formalités devenues sans aucune distinc-

2

tion entre les plus importantes et celles qui le sont moins, toutes impérieuses, irritantes, et emportant, par une omission quelconque, la déchéance du droit.

Certes, cet état de choses est un état violent, et l'expérience a déjà dit les maux qui en résultent. Rien de plus commun que des hypothèques perdues, les unes par un vice, les autres par un autre; les discussions ont dégénéré en chicanes misérables, en détestables arguties. Il faudroit être témoin des combats que se livrent les créanciers pour se supplanter dans un ordre; voir comme on opère sur le corps d'une inscription, comme on la retourne, comme on tâte l'endroit foible par lequel on la tuera. Il faut entendre *le dire* de ce créancier perfide qui a calculé d'avance sur la nullité de cet acte; qui, après l'avoir connu, n'en a pas moins traité de mauvaise foi, de connivence avec un complice débiteur. L'omission d'un mot va faire triompher l'iniquité la plus criante : et voilà comme un régime doux et simple est devenu dur et compliqué, parce qu'au lieu de manier son principe avec modération, on a voulu le tordre avec rigueur. Alors il est devenu moins propre à conserver qu'à détruire.

L'expérience a jugé, il faut profiter de ses leçons :

Faire à la loi des améliorations conformes aux principes ;

A la jurisprudence, des changemens dictés par l'équité.

La jurisprudence, en attendant la refonte de la loi, peut beaucoup, même dans l'état actuel, pour rendre aux conventions l'autorité qui leur est due, et à la propriété, la sécurité, sans laquelle l'industrie se décourage et ne travaille plus.

———

CHAPITRE Ier.

L'Hypothèque conventionnelle doit être générale.

§. Ier.

De la Généralité sur les Biens présens.

L'HYPOTHÈQUE est générale de sa nature, parce que l'obligation, dont elle est la suite, l'est aussi. Quand tous les biens sont engagés, ils doivent être censés de droit, et jusqu'à la preuve contraire, tous hypothéqués. Or, le législateur a proclamé lui-même ce principe en tête de sa loi, que celui qui s'est obligé est tenu de remplir son engagement sur tous ses biens présens et à venir.

Pour la première fois, l'hypothèque conventionnelle est déclarée spéciale ; elle n'est pas valable sans ce caractère de spécialité. L'innovation est remarquable ; elle paroit même extraordinaire. Contre la règle commune, qui veut que les parties fassent la loi du contrat, c'est le législateur qui la fait lui-même. Il faut qu'elles adoptent de nécessité telle hypothèque, quand il pourroit leur convenir d'en stipuler une autre.

On conçoit bien qu'une loi ordonne la publicité des hypothèques, car c'est une mesure d'ordre public. Le législateur a éminemment le droit de prescrire des formes qui assurent la bonne foi dans les contrats, et qui avertissent les tiers des conventions qu'ils ont intérêt de connoître. Mais rendre des conventions publiques, ce n'est pas les faire. On prescrit les formes des donations, des testamens, de tous les contrats, sans dicter leurs dispositions.

Ici, la stipulation d'hypothèque est dictée, obligée. Il faut la faire ainsi. Est-ce donc une nécessité dans le nouveau système ? Non : la spécialité n'est pas une conséquence de la publicité. La publicité seule, source féconde de tout bien, donne les résultats qu'on vouloit obtenir pour la sûreté, la facilité des transactions, le crédit des propriétaires. Seule, elle complète le système : *fiat lux ;* que toutes les hypothèques soient visibles, et tous les intérêts sont gardés. Il importe, avant de prêter, de savoir combien l'emprunteur qui a tant de biens a de dettes ; mais il importe moins de savoir comment cette charge des dettes est répartie, si tel de ses biens en est plus ou moins grevé, si tel autre en est exempt. De quelque manière que tout cela existe, il n'y a jamais que le résultat qui intéresse. Quelle est l'étendue de vos dettes, quelle est la valeur de vos biens ?

On a trouvé pourtant, et avec raison, que

la spécialité avoit ses avantages, qu'elle étoit désirable sous plusieurs rapports ; qu'il étoit utile au propriétaire de plusieurs immeubles, de n'en hypothéquer qu'une partie, de conserver l'autre libre pour de nouveaux engagemens ; que de cette manière il multiplioit son crédit ; parce qu'on prête plus sûrement, et dès lors plus facilement sur un immeuble qui ne doit rien, que sur celui qui est déjà grevé. On a trouvé heureuse cette idée d'isoler l'hypothèque sur son immeuble, de telle sorte que chaque créancier assis, et pour ainsi dire installé sur son gage, à l'abri de tout partage, de toute concurrence, n'eût pas même l'incommodité d'un voisin.

Ainsi les idées s'enchaînent : le législateur, entraîné par le zèle le plus ardent pour la prospérité publique, s'est vu porté de la publicité à la spécialité, comme on s'élance du bien vers le mieux.

Mais y a-t-il un mieux réel dans les affaires humaines ?

En y regardant de plus près, on auroit vu peut-être qu'ici le mieux est relatif, qu'il devient un mal dès qu'on le rend absolu : oui, il faut dire que la spécialité obligée est un mal ; mais cette proposition a besoin d'être développée sous tous ses rapports.

La spécialité obligée de l'hypothèque conventionnelle, nuit dans certains cas à la publicité.

Elle nuit au crédit d'une classe nombreuse de propriétaires.

Elle est souvent d'une exécution si difficile, qu'elle met l'hypothèque en péril, quelques soins d'ailleurs qu'on apporte à la conserver.

1°. Atteinte à la publicité.

C'est un effet inattendu sans doute, si la spécialité, qui a été admise comme une conséquence, et même comme une perfection de la publicité, lui nuit ; et cependant cela arrive, et par la nature des choses, cela devoit arriver.

L'hypothèque est un droit réel. Ce droit ne grève pas les personnes, mais les propriétés : si bien qu'il s'attache à elles, qu'il les suit en quelques mains qu'elles passent.

Dans l'hypothèque générale, la publicité est générale aussi ; il n'y a pas de si mince partie de la propriété, pas un pouce de terre qui puisse y échapper. Quelles que soient l'étendue, la situation, les tenans et bouts, l'état de culture des terres, quelques variations que le tems amène, peu importe : dès que tous les biens sont grevés, ils le sont en tout et partout, et d'une manière visible à tous.

Dans l'hypothèque spéciale, la publicité est partielle, elle ne peut éclairer que le point grevé de la propriété. Pour qu'elle atteigne son but, il faut qu'on puisse dire, avec une égale certitude, deux choses : tel hectare de terre est grevé, tel autre ne l'est pas. S'il n'est pas toujours possible de distinguer avec précision ces deux effets ; si l'on peut voir comme libre ce qui est hypothéqué, voir comme hypothéqué ce qui est libre, alors la lumière de la publicité a disparu, elle fait place à une lueur trompeuse, qui ne guide plus, qui égare l'imprudent qui la suit.

Or, pour spécialiser l'hypothèque avec autant de sûreté qu'on la généralise, il faudroit des élémens de conservation qu'on n'a pas. Au lieu de renseigner les hypothèques par le nom du propriétaire grevé, de délivrer les états de celles qui existent sur lui, ce qui a lieu sans inconvénient au cas de l'hypothèque générale, il faudroit, pour reconnoître les bornes et les confins de la spécialité, pouvoir donner l'état des inscriptions qui grèvent tel immeuble, ou telle partie de cet immeuble. Cette opération supposeroit un cadastre que chaque conservateur auroit des propriétés de son arrondissement, et puis des désignations invariables qui ne le tromperoient jamais, et puis tous les moyens de signalement qu'il n'a pas, et qu'on ne peut pas lui fournir.

Mais, dira-t-on, ces difficultés sont imaginaires : on distingue fort bien une terre d'une maison, une maison d'une usine, une vigne d'un pré. Il n'y a donc pas moyen de confondre et d'étendre les hypothèques spéciales, au delà du domaine particulier qui leur a été affecté.

Il n'y a pas moyen d'errer dans ces cas ; mais il existe dans d'autres, et dans beaucoup d'autres.

Il ne faut pas voir, en France, seulement les villes, et dans les campagnes, il ne suffit pas de voir les grandes propriétés. Il y a des pays de petite culture, où le tien et le mien se sont partagé les terres à l'infini : d'innombrables petits propriétaires vivent là, actifs, laborieux, incessamment aiguillonnés par les pointes de la nécessité ; ils enfoncent la charrue jusques dans les entrailles de la terre, afin d'arracher de ses profondeurs, ce qu'une superficie trop étroite ne peut leur fournir.

Ces hommes ont leurs affaires et leurs besoins : ils empruntent, et il faut qu'ils donnent des hypothèques spéciales. Voyons comment ils vont s'y prendre pour les asseoir.

Pierre a six hectares sur le territoire de sa

commune : ils sont divisés en trente ; quarante ;
et peut-être en quatre-vingts et cent pièces.

Ces six hectares valent 6,000 fr., il emprunte 3,000 fr.: il s'agit d'hypothéquer quatre
hectares. Le voilà placé dans l'hypothèque spéciale, obligé d'indiquer quarante ou cinquante
fois de suite, l'espèce et la situation de quarante ou cinquante parcelles de terre, qui,
toutes ensemble, composent la portion qu'il
soumet à l'hypothèque. Ce travail n'est pas
facile; mais supposons le fait sans confusion et
sans erreur.

Il reste à Pierre deux hectares entièrement
libres, grâce aux avantages de la spécialité. Il
a besoin de 1,000 fr., et ses deux hectares, qui
valent 2,000 fr., offrent un gage très suffisant
pour ce nouvel emprunt.

Mais les prêteurs sont prévoyans (depuis la
nouvelle loi, ils sont devenus défians et diffi-
ciles); on va consulter le registre public, et on
voit qu'il existe déjà pour 3000 f. d'hypothèques.
Cela est vrai, dit l'emprunteur, mais les deux
hectares que je vous offre n'en sont pas grevés;
et comment établir cela ? *hic labor est.*

Les six hectares sont sur le même territoire ;
ils sont de même nature, ce sont des terres.
L'état de culture de chaque pièce ne donne
pas une différence assez prononcée, car il

change souvent ; on met un pré en labour ;
une terre labourable en pré : et d'ailleurs, dans
les deux hectares dont il s'agit, on trouve tous
les genres de culture, prés, vignes, terres en
labour, comme dans les quatre autres qui sont
déjà grevés. Voilà donc deux uniformités désespé-
rantes : même territoire, même nature de biens.

Le propriétaire sait pourtant ce qui lui reste
libre, mais ce n'est pas assez ; il faut que le
prêteur le sache aussi, et qu'un officier public
le lui certifie. Le conservateur des hypothèques,
qui a une grande responsabilité à mettre à cou-
vert, voit ici l'insuffisance de ses registres pour
le garantir. Il ne peut s'arrêter, ni au nom du
chantier ou triage, parce que cette désignation
n'est pas sûre, ni aux tenans et bouts, parce
qu'ils changent souvent. Ainsi, et pour lui-
même, la publicité s'obscurcit, et dans l'embarras où il est pour extraire avec certitude
les portions hypothéquées, de celles qui ne le
sont pas, il laisse tomber sur le tout le poids
de l'hypothèque.

Voilà donc à quoi aura abouti la spécialité
dans ce cas ; à ne pas rendre public ce qui est,
puisqu'on ne peut pas distinguer les quatre
hectares grevés ; et à rendre public ce qui
n'est pas, puisque certainement l'hypothèque
ne s'étend pas sur les six hectares.

Le propriétaire qui a manqué son emprunt par toutes ces difficultés, va prendre un autre parti. Il vend ces deux hectares qui lui sont restés libres. Même embarras. Le conservateur ne manque pas de délivrer sur ces contrats de vente, les inscriptions qui ne devroient pas s'y appliquer. Mais pourquoi cela n'est-il pas plus clair? Cet officier n'est pas juge, il voit sa responsabilité d'abord, et avant tout, il lance ses extraits d'inscriptions, comme des pommes de discorde. Les tribunaux décideront : et puis voilà provisoirement le prix arrêté dans la main de l'acquéreur; les contestations qui s'élèvent de lui au vendeur, du vendeur aux créanciers; les longueurs, les frais, les misères communes; car c'est au détriment de tous, que ces résultats ont lieu, et ils proviennent de cette spécialité absolue, qui au lieu de porter la lumière dans une partie déjà si compliquée que la manutation des registres des hypothèques, n'a servi qu'à tout embrouiller, à mettre ses ténèbres à la place de la clarté, de la publicité que vouloit la loi.

Otez cette spécialité, tout s'arrange.

Pierre a six hectares, ils valent 6,000 fr.; il emprunte 3,000 fr. par hypothèque générale, et il veut emprunter encore 1,500 fr. Rien de plus facile, car il lui reste une garantie suffisante à offrir; cette garantie existe sur toute sa propriété. Ainsi, plus de travail pour distinguer les parties grevées des parties libres, plus de querelles entre les créanciers, pour savoir si l'un sera payé sur telle portion, ou sur telle autre. Les créanciers sont de la même famille, ils seront payés sans exclusion sur le patrimoine commun.

Ce qu'il faut observer, c'est que l'espèce posée n'est pas rare; elle ne peut pas être regardée comme une exception; c'est au contraire une espèce commune, qui arrive le plus habituellement dans une multitude de lieux. La spécialité obligée est là une véritable gêne, une torture préparée à l'emprunteur, au prêteur, au notaire et au conservateur.

2°. Mais comment la spécialité obligée, qui nuit dans certains cas à la publicité, peut-elle porter atteinte au crédit des propriétaires?

On l'a déjà vu dans l'espèce citée. Le propriétaire n'a pas pu établir clairement la franchise d'une partie de ses biens; il n'a pu trouver sur cette partie censée grevée, quoiqu'elle ne le fût pas, la garantie de l'emprunt qu'il vouloit faire. Il a donc perdu l'emploi d'un crédit qu'il devoit avoir.

Mais il faut voir à combien d'autres espèces cet inconvénient va s'étendre.

L'hypothèque spéciale convient à celui dont les propriétés sont libres, ou ne sont grevées qu'en partie. Mais pour tous ceux sur les biens desquels l'hypothèque générale s'est déjà étendue, il n'y a plus de possibilité de constituer l'hypothèque spéciale.

En effet, qu'on modifie un principe tant qu'on voudra, on ne peut pas changer la nature des choses. L'hypothèque générale est *tota in toto, tota in qualibet parte.* Elle est indivisible, et par un privilége que n'ont pas toutes les puissances, son domaine ne peut souffrir aucun démembrement.

Lors donc qu'elle existe quelque part, elle règne seule, et repousse toute espèce d'association.

Or, il y a des hypothèques générales à l'infini, et une multitude de propriétaires en sont grevés.

En première ligne, on trouve les hypothèques générales anciennes, qui existoient avant l'établissement du nouveau régime. Celles-là s'éteindront sans doute avec le tems, avec les obligations qui les ont fait naître. Mais on ne peut prévoir le terme de leur extinction totale.

Ensuite, combien d'hypothèques présentes et futures appartiennent essentiellement à la généralité ! Toutes les hypothèques légales au profit des femmes, des mineurs, des interdits, au profit encore de la nation, des communes, des établissemens publics, toutes les hypothèques judiciaires résultant de condamnations. La multitude de propriétaires ainsi grevés, est innombrable ; et par la nature même, par l'étendue de leurs engagemens, la stipulation de l'hypothèque spéciale leur est interdite. Ils ne peuvent pourtant pas consentir l'hypothèque générale, puisque la loi ne le permet pas. Donc dans l'état actuel de la législation, ces propriétaires sont privés de leurs moyens naturels de crédit.

On a cherché pourtant à les relever de cette interdiction. On permet au tuteur qui est grevé de l'hypothèque générale, de la faire réduire aux immeubles suffisans pour la garantie de sa gestion.

Pareille faculté est accordée au mari. Il peut, avec le consentement de sa femme et l'avis de quatre de ses parens, soustraire au joug de l'hypothèque générale qui le gêne, les immeubles qui ne seront pas nécessaires à la garantie de sa dot et de ses droits matrimoniaux.

A ce privilége, sont encore admis tous les débiteurs grevés d'hypothèques judiciaires. Quand les inscriptions seront excessives, et elles seront réputées telles toutes les fois que la valeur des fonds excédera de plus d'un tiers le montant des créances, alors ces inscriptions seront réduites aux domaines suffisans, et l'hypothèque sera retranchée, rayée sur les autres.

Ainsi, la loi a pourvu encore à quelques intérêts : certains grevés d'hypothèques générales, pourront encore en créer de spéciales sur la partie de leurs biens qu'ils auront rendue libre.

Mais d'abord cette mesure, quelque large qu'elle soit, ne s'étend pas à tous ceux que l'hypothèque générale a grevés. Le bénéfice de réduction, établi en faveur des tuteurs et des époux, n'est pas applicable aux hypothèques de l'Etat, des communes et des établissemens publics. Les débiteurs attachés à ces espèces d'hypothèques, n'ont aucun moyen d'en alléger les chaînes. Ceux-là restent dans une véritable interdiction de contracter, puisqu'ils n'ont pas de garantie à donner à leurs engagemens.

Il en faut dire autant de tous les grevés d'hypothèques générales anciennes.

A l'égard des époux qui ont besoin du consentement de leur femme, et qui, sous ce rapport, sont en tutelle, il peut arriver souvent que l'émancipation leur soit refusée.

Dans cet état de la législation, on voit qu'il n'y a point de principes fixes, point d'unité. Dès qu'on a voulu forcer la spécialité, l'ériger en règle générale, lorsque, dans le fait, elle n'est qu'une exception, on a été obligé de ployer l'hypothèque à des restrictions ; de faire subir des retranchemens à ce droit, jusqu'alors reconnu indivisible ; de lui emprunter, pour ainsi dire, de la place, pour pouvoir établir la spécialité ; on a introduit de nouvelles actions, des procédures nouvelles ; et après tout cela, reste encore un nombre considérable de citoyens auxquels la loi est dans l'impuissance absolue de subvenir, et qui n'ont ni les mêmes droits, ni les mêmes moyens de contracter que les autres.

3°. La difficulté d'exécution rend l'hypothèque spéciale incertaine dans plusieurs cas.

Quand on pense que dans l'ancien régime, l'acte conservatoire de l'hypothèque étoit très simple, et qu'aujourd'hui il est compliqué, on cherche la raison de cette différence.

On ne la trouve point dans l'établissement de la publicité, mais dans l'introduction de la spécialité obligée.

En effet, que l'hypothèque soit publique ou

3

non, dès qu'elle est générale et qu'elle affecte tous les biens, l'acte par lequel on la conserve peut se passer de toute désignation partielle. Un créancier même aujourd'hui pourroit dire, sans inconvénient : Je m'inscris sur les biens possédés par mon débiteur, dans tel arrondissement.

Mais quand il faut spécialiser l'hypothèque, il devient nécessaire de désigner, d'une manière rigoureuse, les biens, même les parties de biens qui en sont grevés. Ainsi, la loi veut qu'on déclare l'espèce et la situation de chacun des fonds qu'on assujétit à cette hypothèque.

Il faut d'abord que cette désignation très précise soit faite dans le titre constitutif de la créance, ou autre titre postérieur.

Il faut qu'on la reporte sur deux bordereaux, qu'on la reporte encore toute entière sur les registres du conservateur. Voilà bien des écritures, sans doute, et c'est déjà un mal. Mais un mal plus grand est dans les nullités presque certaines, que tant de précautions doivent engendrer un jour. Oui, il doit y avoir des nullités là où il y a beaucoup de formalités, quand on a déclaré qu'elles étoient toutes de rigueur.

Assistons à la rédaction du contrat, et voyons comment peut opérer le notaire dans l'acte constitutif. Il ne voudra pas s'en rapporter à la mémoire de son client sur la nomenclature, souvent très longue, des différens morceaux de terre qu'il veut hypothéquer. Il lui demandera son titre de propriété, dans lequel ils doivent être tous énoncés. Mais déjà ce titre ne renseigne plus les objets tels qu'ils sont. Ils ont changé ; car, enfin, tout change. Les vignes du temps de l'acquisition, ont été arrachées; et si vous hypothéquez un quartier de vignes situé à tel endroit, où il existe aujourd'hui une partie de bois, vous voyez bien que vous n'avez pas indiqué *l'espèce* de la propriété, et que dès lors, avec la meilleure envie de bien faire, vous avez donné une hypothèque nulle.

On dira, mais il y a des moyens de vérification. Est-ce que le propriétaire ne doit pas connoître les changemens faits à la culture ? Mais ce n'est pas le propriétaire qui les a faits, c'est son fermier. Eh bien! il prendra de ce fermier tous les renseignemens sur l'état actuel. Oui, cela se peut. Il est absolument possible d'exécuter la loi; mais il faut avouer au moins que dans mille cas, cela n'est pas facile, et nous ne prétendons signaler ici que la difficulté d'exécution.

Supposons enfin que le propriétaire soit parvenu à donner bien exactement toutes les dési-

gnations requises, c'est actuellement au créancier que les embarras passent. Qu'il prenne
garde à son tour à ne rien omettre; qu'il trans-
plante bien exactement, et, pour ainsi dire, brin
à brin, toutes les ramifications de l'acte; de
l'acte, sur les bordereaux d'inscription; des
bordereaux, sur les registres; des registres, dans
les extraits que le conservateur délivre : la
moindre lacune dans les uns ou dans les autres,
est un gouffre dans lequel le droit d'hypothèque
va se perdre sans retour.

Les anciens retraits ne présentoient pas plus
de difficultés; et les retraits étoient odieux, et
la conservation des hypothèques est favorable.
Cette loi, qui est l'ame de tous les contrats, qui
est d'une application universelle, devroit être
d'une exécution d'autant plus facile, que la peine
attachée à l'inexécution est plus grave. On frémit
quand on pense que l'omission d'un mot peut
entraîner la ruine d'une famille. Combien de
droits déjà perdus! combien d'autres se per-
dront encore! combien de fortunes faudra-t-il
offrir en sacrifice au génie de la spécialité
forcée!

Mais cette spécialité ainsi conçue, qui froisse
tant d'intérêts particuliers, est donc de l'intérêt
public. Elle atteint donc un but général d'utilité
si grande, si importante, que tous les incon-

véniens doivent être supportés pour y par-
venir.

C'est ici qu'il faut se défier des idées de perfection, et faire voir, qu'en nuisant au sort de
beaucoup d'individus, on n'a point amélioré
celui des autres; que les grands propriétaires
avoient la faculté d'obtenir, dans l'ancien régime
tout ce que leur donne le nouveau; qu'ils la
tenoient de leur volonté, au lieu de la recevoir
de la loi; que dès lors, ils n'ont rien gagné à
l'innovation, à laquelle tous les petits tenanciers
ont perdu.

Le législateur a prétendu stipuler les intérêts
de tout le monde, ceux des prêteurs et des
emprunteurs; il n'a pas voulu laisser à leur
arbitrage, des points qu'ils auroient pu débattre,
accorder, et régler suivant leurs convenances:
statuant dans l'idée de l'utilité générale, il a
dit :

Ce qui n'est pas nécessaire à la sûreté du
créancier, devient une vexation pour le débiteur. Il est très inutile, et il est très dur qu'un
homme qui possède pour cent mille francs de
propriétés, soit obligé d'hypothéquer le tout à
un emprunt de dix mille francs; que toute sa
fortune immobiliaire soit paralysée dans ses
mains, par une inscription qui pourroit n'en
grever que la dixième partie. Cette position est

malheureuse, puisqu'elle prive le propriétaire d'une aisance qu'il devroit avoir.

Tout le monde ne sera pas également frappé de ce prétendu malheur. Quand je prête dix mille francs à un homme, il est obligé de me les rendre; il y est obligé dans sa personne et dans ses biens. Tous ces biens sont engagés, pourquoi ne seroient-ils pas tous hypothéqués?

L'hypothèque générale frappe-t-elle donc la terre de stérilité? la propriété n'en est-elle pas entière? les produits en sont-ils diminués? y a-t-il quelqu'intérêt général qui puisse restreindre dans ses effets, ce droit purement conservatoire? Non, sans doute.

Et dans l'intérêt particulier du propriétaire, est-il bien exact de dire que son crédit soit diminué; que dès que tous ses biens sont hypothéqués à une créance de 10,000 francs, ils ne lui donnent plus de moyens pour faire un autre emprunt? Non: cette conséquence est exagérée, forcée, elle n'est pas vraie. Lorsque je dois 10,000 fr. sur 100,000 fr. que je possède, j'ai encore une valeur de 90,000 fr. disponible, j'ai donc encore crédit jusqu'à concurrence de 90,000 fr. Qu'importe au prêteur de devenir le second créancier, quand il est évident qu'un troisième, un quatrième, un cinquième seroient infailliblement payés! seroit-il plus sûr de sa créance de 10,000 fr. isolément assise sur un bien de 20,000 fr., que lorsqu'elle est associée à quatre autres d'égale valeur, sur un bien de 100,000 fr.? Non: toutes choses sont égales, les sûretés sont les mêmes, et les résultats sont équivalens.

Mais on insiste dans l'intérêt du débiteur grevé, et l'on dit que, s'il a encore les moyens d'emprunter, il n'a plus la faculté de vendre. Il ne pourra pas démembrer une partie si petite qu'elle soit, car cette malheureuse hypothèque générale étant *tota in qualibet parte*, la partie est tellement attachée au tout, qu'on ne peut plus l'en arracher. C'est dans ce cas que l'intérêt du particulier est lésé, que l'intérêt public souffre, puisque par un principe de droit mal entendu, on prive la circulation de capitaux considérables.

Et voilà le raisonnement qui a peut-être décidé de la spécialité obligée de l'hypothèque conventionnelle.

Mais d'abord la nature des choses n'est pas une affaire de raisonnement; il faut que l'hypothèque soit indivisible, comme il faut que la donation entre-vifs soit irrévocable: les règles du droit sont invariables, on ne les maîtrise point, ce sont elles, au contraire, qui régissent et qui gouvernent avec empire, et pour l'intérêt même des parties contractantes, tous les actes de la vie civile.

Or, il ne falloit pas proscrire l'hypothèque générale, en haine de quelques inconvéniens qu'elle pouvoit produire : n'est-il pas essentiellement permis de faire toutes espèces de conventions pourvu qu'elles ne soient pas contraires aux lois ou aux mœurs? Une clause onéreuse d'un contrat n'a-t-elle pas été souscrite en vue de tel avantage qui résulte de la stipulation? L'hypothèque générale, exigée d'une part, et consentie de l'autre, étoit-elle, dans mille cas, plus gênante, plus dure que l'eût été l'hypothèque spéciale? Toutes questions qu'il appartient aux parties de résoudre dans leurs intérêts respectifs, et dans lesquelles l'autorité du législateur pouvoit se dispenser d'intervenir.

Et l'intérêt public, par lequel on justifie tous les systèmes, étoit, dans l'espèce, assez légèrement invoqué. Le propriétaire de 100,000 fr. en immeubles, qui ne devoit que 10,000 fr., avoit encore des moyens ; dès qu'il n'aliénoit qu'une partie, et qu'il présentoit une ample solvabilité sur le reste, le créancier devoit naturellement consentir à donner une mainlevée partielle; il obligeoit sans se nuire : ainsi, la vente n'étoit pas généralement interdite.

L'eût-elle été par un refus sans intérêt (et
on ne suppose jamais un fait sans intérêt),
alors le propriétaire vendoit une portion plus
forte, remboursoit son créancier par trop difficile, et dans tous les cas, les ventes n'étoient
pas entravées, et la circulation n'avoit rien
perdu.

Au surplus, deux mots parent à tous les inconvéniens : permettez la spécialité, et ne l'or-
donnez pas.

Alors, les principes du droit seront main-
tenus; quand l'hypothèque est une convention,
il doit être permis de l'étendre, ou de la restreindre, puisqu'il est permis de faire ses conventions comme on veut.

Les intérêts de tous seront gardés : chacun
les consultera dans ses transactions. Le grand
propriétaire jouira de l'aisance de l'hypothèque
spéciale, parce qu'il aura, dans un seul objet,
une valeur suffisante à offrir ; et le petit propriétaire qui ne peut rien démembrer, parce
qu'il n'a quelque chose qu'autant qu'il a tout;
parce que les divisions d'une chose exiguë
l'anéantissent en la partageant; celui-là aura
le secours et le bienfait de l'hypothèque générale.

Alors, et les lois, et les intérêts, et les convenances seront d'accord ; et c'est de cette

harmonie que naîtront les résultats féconds
qu'on a droit d'attendre de l'excellent principe de la publicité.

Cependant tout retour à l'hypothèque générale n'est pas iuterdit par la loi même, qui veut
si impérieusement la spécialité. Il y a une force
de choses qui ramène apparemment à des institutions nécessaires. Ainsi, le même article, qui
veut que l'hypothèque soit spéciale, permet
pourtant d'étendre cette hypothèque nominativement sur tous les biens présens du débiteur:
voilà donc l'hypothèque genérale qui revit.

Il faut faire ici une remarque : c'est qu'il y a
une cumulation d'exceptions dans la loi actuelle
des hypothèques : un droit d'abord restreint,
s'étend ensuite ; une prohibition, qu'on croiroit
absolue, laisse arriver suivant les cas, une indulgence inespérée ; il semble que le législateur, en posant ses principes, ait eu peur de
blesser, par une application trop directe de
leurs conséquences ; il a donc fait une espèce
de transaction, accordé des concessions réci-
proques aux idées anciennes et nouvelles,
et amalgamant ensemble les effets de deux
systèmes différens, il a voulu faire concourir
ce que chacun avoit de bon, à la plus grande
perfection de sa loi.

Ainsi l'hypothèque sera publique par l'inscription, art. 2134.

Cependant elle existera sans inscription, et par conséquent, sans publicité, au profit des femmes et des mineurs, art. 2135.

L'hypothèque est indivisible de sa nature, art. 2114.

Cependant, les hypothèques légales et judiciaires sont réductibles, art. 2161.

L'hypothèque conventionnelle est essentiellement spéciale, art. 2129.

Cependant cette hypothèque peut être générale, en y soumettant nominativement tous les biens présens, même article.

Les biens à venir ne peuvent pas être hypothéqués, art. 2129.

Cependant les biens à venir, peuvent être hypothéqués, en cas d'insuffisance des biens présens, art. 2130.

Nous examinerons, dans un autre endroit, quels effets produisent ces prodigieux amendemens, par lesquels chaque principe émis, est tout de suite réformé. Quant à présent, voyons ce qui en résulte pour la généralité restituée à l'hypothèque conventionnelle.

Rien du tout; elle est encore, et elle reste toujours hypothèque spéciale : en l'étendant d'un immeuble à un autre, et de proche en proche jusqu'à tous les immeubles, on a bien grevé tous les domaines du débiteur, mais en répétant les formes de la spécialité sur chaque objet. Ainsi, c'est l'hypothèque spéciale plus étendue, et ce n'est pas l'hypothèque générale.

Ce qui en résulte déjà, c'est qu'en confondant les espèces, on ne les reconnoît plus ; il est dans la nature de l'hypothèque spéciale de n'affecter qu'une partie des biens, et pourtant avec l'hypothèque spéciale, on a trouvé le moyen de les grever tous. La spécialité ne présente plus l'idée d'un objet grevé, et d'un objet resté libre. Le sens du mot a disparu.

Cependant que va-t-il résulter encore de ces changemens ? L'hypothèque spéciale aura pris les inconvéniens que l'on reproche à l'hypothèque générale ; car celui qui l'aura ainsi stipulée , en y assujettissant nominativement chacun de ses immeubles, ne pourra plus en détacher un seul, pour y appliquer ensuite une autre hypothèque.

Elle n'aura pas les avantages de l'hypothèque générale proprement dite ; car elle aura été stipulée avec les formes, avec les étreintes qui accompagnent la spécialité obligée. Elle sera sujette aux mêmes difficultés, aux mêmes erreurs, et par conséquent aux mêmes périls.

Mais puisqu'on reconnoît dans un débiteur le droit de grever tous ses biens, puisqu'on lui concède la faculté d'hypothéquer tout ce qu'il a, pourquoi le contraindre dans les moyens? Pourquoi lui imposer des formes, quand il peut s'en passer ; l'exposer à des chances, quand il peut n'en courir aucune ? Pourquoi, quand les résultats des deux modes sont les mêmes, rejeter le plus simple, et choisir le plus difficile ?

Est-ce parce que la stipulation d'hypo-thèque est une convention, et qu'il faut spéci-fier, dans une convention, les choses dont on traite ? Mais quand je dis que j'hypothèque tous mes biens, n'est-ce pas dire suffisamment que je grève tels et tels objets qui font partie de ce tout ?

Est-ce parce que l'hypothèque a le carac-tère d'une quasi-possession, d'une main-mise sur l'immeuble ? Sans doute ; mais à la diffé-rence du gage mobilier qui passe dans la main du créancier pour le nantir, et qui ne se par-tage pas à plusieurs, le gage immobilier reste dans les mains du débiteur. Il est toujours sa propriété ; seulement il est grevé d'une charge ou de plusieurs charges; ainsi la quasi-possession qui n'est qu'une fiction de droit, n'empêche pas que plusieurs ne la partagent sur le même objet, et qu'ainsi plusieurs créanciers hypothécaires soient simultanément nantis. Leur concours est tellement naturel, qu'à égalité de titres, il n'est jamais question entre eux de préférence, mais de priorité. *Potior tempore, potior est jure.*

Il faut conclure que, quand la loi actuelle laisse subsister tous les effets de l'hypothèque générale, il n'y a pas de raison pour qu'elle en abolisse le principe.

L'hypothèque générale qui apparemment a quelque chose de bon, puisqu'elle existe en faveur de tous ceux que la loi protége, des femmes, des mineurs, des interdits, doit être réhabilitée en faveur de tous, dans son titre et dans ses effets.

Que la spécialité, qui est d'une utilité relative, ne soit ni prohibée, ni ordonnée, qu'elle soit simplement permise. Elle est essentiellement du domaine des conventions : qu'elle y rentre, et alors tous les intérêts particuliers s'arrangeront naturellement, et sans aucune lésion pour l'intérêt public.

§. II.

De la généralité sur les Biens à venir.

Quand le législateur a supprimé l'hypothèque générale sur les biens à venir, il a sans doute été déterminé par la nature de ce droit qui est tout réel, et qui ne peut s'appliquer que sur des réalités. Des biens à venir n'existent pas encore ; comment faire pour grever dès à présent ces biens que le débiteur n'a pas, et qu'il n'aura peut-être jamais ? Comment asseoir l'hypothèque, quand le sol lui manque ? Ce contrat ne peut pas être aléatoire. Le crédit actuel est le véritable. Le futur contingent ne comporte qu'un crédit imaginaire, dangereux, parce qu'il met des chances à la place de la réalité.

Ces motifs graves ont pu paroître suffisans ; mais on en a employé d'autres aussi. S'il est permis de le dire, l'hypothèque sur les biens à venir, d'ailleurs très bien discutée, a encore été calomniée. On a mis sur son compte le principe de toutes les dilapidations : c'est la faculté d'hypothéquer dans l'avenir, qui a, d'avance, dévoré les patrimoines et déshérité les familles. C'est elle qui a encouragé les dissipations de la jeunesse sans frein, l'ambition démesurée d'un âge plus mûr, les spéculations hardies et funestes ; enfin, c'est elle qui, dans la perte de la fortune présente, a, pour comble de maux, donné les moyens de détruire d'avance les ressources, les réparations qu'on auroit trouvées dans un meilleur avenir.

Et alors cette hypothèque, chargée de tant de calamités, a paru une institution non seulement absurde dans son principe, mais immorale, mais dangereuse dans ses conséquences, et elle a été abolie avec l'approbation de tous ceux qui s'intéressent au bon ordre et aux bonnes mœurs.

Avant toute discussion sur les biens et les maux qu'il faut attendre de l'hypothèque dans l'avenir, on peut indiquer, dès à présent, le principal motif qui a nécessité sa destruction: c'est l'obligation de la spécialité. Avec la faculté de l'hypothèque générale sur les biens présens, on pouvoit l'étendre et l'appliquer aux biens à venir, si d'ailleurs cette extension n'étoit pas prohibée. Mais dès qu'il a été décidé que même les biens présens ne pouvoient être hypothéqués que nominativement, et d'une manière spéciale, il en est résulté l'impossibilité physique de désigner, de spécialiser, quel ou quel immeuble vous tomberoit dans l'avenir. Dès lors, impossible de plus rien hypothéquer de cette manière.

Cependant, et supposant le rétablissement de l'hypothèque générale sur les biens présens, ne peut-on pas, sans risque de tous les malheurs qu'on lui a attribués, l'étendre aux biens à venir ?

En général, on peut penser que l'homme ne devroit point avoir de droits sur l'avenir; que ses actes, comme son existence, sont naturellement bornés au tems qu'il parcourt. Il faut donner à la puissance de contracter une grande étendue, pour reconnoître d'avance son empire sur des choses qui ne sont pas nées.

Il est vrai; mais ce qui peut paroître extraordinaire dans certains cas, l'est moins dans celui-ci. Tout homme qui s'oblige, n'est-il pas tenu de remplir ses engagemens sur tous ses biens mobiliers et immobiliers, présens et à venir? Oui : voilà la grande doctrine, et aussi c'est le premier principe que proclame la loi. Mais si l'on est obligé sur ce qu'on n'a pas encore, si la loi en dispose d'avance à l'acquit de l'engagement, n'est-ce pas une conséquence naturelle que le débiteur, agissant dans les vues et dans le sens de la loi, donne en gage ce même objet, qu'elle a déjà donné en acquit?

L'hypothèque sur les biens à venir, qui est une conséquence de l'obligation anticipée de payer sur ces biens, n'est donc pas une absurdité, une abomination jetée dans le sanctuaire des lois?

Mais est-elle utile ou nuisible?

On peut répondre qu'elle est, comme toutes

4

les autres institutions, utile à ceux qui s'en
servent, nuisible à ceux qui en abusent.

Et si l'on veut mettre en thèse la question
de savoir si elle a plus d'inconvéniens que
d'avantages, alors il faudra bien en établir la
comparaison ; mais avant, il faut considérer
comment ont statué, à cet égard, les diverses
législations.

Dans l'ancien régime, qui existoit depuis
des siècles, on stipuloit l'hypothèque générale
sur les biens à venir. Cette hypothèque avoit
lieu même sans stipulation et de droit commun,
quand les actes n'en parloient pas. Elle étoit
la conséquence des obligations et des condamnations. Dans cet ancien régime, on avoit bien
reconnu les trois espèces d'hypothèques, légale,
judiciaire et conventionnelle; mais sans prééminence de l'une sur l'autre, elles s'étendoient
toutes sur les biens à venir. En cela, la législation avoit au moins un avantage : c'étoit
l'unité.

La loi de brumaire an VII (car il ne faut pas
parler de la loi avortée de messidor an III)
n'accordoit qu'à l'hypothèque légale, l'effet
de s'étendre aux biens à venir ; elle bornoit les
hypothèques conventionnelle et judiciaire aux
biens du présent.

Le code veut que les hypothèques légale et

judiciaire, jouissent de la même prééminence sur les biens à venir. L'hypothèque conventionnelle seule en est exclue ; et puis, cependant, elle y est admise dans un cas si commun, que sa rentrée sur ce domaine futur se fera, pour ainsi dire, *ad libitum*. Tant il est vrai, que cette extension n'a pas paru si dangereuse, si redoutable, et qu'elle n'a pas encouru une proscription définitive !

Il n'y a peut-être pas de loi qui appose à ses principes autant d'exceptions, de distinctions, de modifications, que la loi actuelle des hypothèques. Nous l'avons déjà fait remarquer par le rapprochement de plusieurs de ses articles principaux. En voici un nouvel exemple dans l'espèce présente.

Point d'hypothèque sur les biens à venir. Art. 2129.

Hypothèque sur les biens à venir, art. 2130, en cas d'insuffisance des biens présens.

Ainsi il y a ou il n'y a point d'hypothèque. Il y en a pour l'un, il n'y en a point pour l'autre. La loi donne à celui qui a déjà, elle refuse à celui qui n'a rien. Cette distinction ne paroît pas puisée dans la justice distributive.

L'hypothèque conventionnelle sur les biens à venir, est bonne ou mauvaise. Elle doit donc être permise ou interdite à tous. Les seules distinctions autorisées dans le droit, sont celles qui sont dues au défaut d'habileté et de puissance, aux mineurs, aux absens, aux interdits, aux femmes; et encore c'est dans l'exercice, non dans l'attribution de ces droits que la loi protége; tous les hommes sont égaux devant elle. Or, ici on trouve une distinction qui ne paroît pas suffisamment motivée.

On reconnoît que le crédit d'un homme se compose de ce qu'il a, de ce qu'il doit avoir. On ajoute à son domaine présent, son domaine à venir; et celui à qui la moitié de ce crédit manque, qui n'a rien dans le présent, et qui, par cela même, a plus besoin de s'aider de l'avenir, celui-là en est durement déshérité. Il est, par le fait, dans l'interdiction de contracter, dès qu'il lui est interdit d'hypothéquer.

Quant au privilége de celui qui a quelque bien présent, il est sans condition comme sans réserve. Le propriétaire impose, à son gré, tout l'avenir; il lui suffit de dire (art. 2130) que ce qu'il a, n'est pas suffisant pour répondre de l'engagement qu'il contracte. Il n'a pas besoin d'établir cette insuffisance, mais simplement de l'alléguer. Que cela soit vrai ou non, peu importe, car personne n'a le droit d'examiner et de contredire; en sorte qu'avec une déclaration qui n'est que de forme, on fait tomber devant soi la barrière que d'autres ne pourront jamais franchir.

A ce sujet, nous n'établissons point de controverse ; mais nous devons faire remarquer que la question de l'hypothèque conventionnelle sur les biens à venir, a singulièrement perdu de son étendue, et par conséquent de son intérêt. Puisque les biens à venir sont susceptibles d'être grevés par les hypothèques légales, par les judiciaires, par les anciennes hypothèques générales, par l'hypothèque conventionnelle qu'il plaira à tout propriétaire d'un pouce de terre de consentir, il est clair que l'avenir est à la disposition de tant de monde, que ce n'est plus la peine de l'interdire à personne.

On insiste, au contraire, et l'on dit : il faut l'interdire à une classe encore assez nombreuse, à tous ceux qui n'ont rien, et qui veulent engager d'avance ce qu'ils pourront avoir un jour ; il faut les prémunir contre cette facilité qui peut entraîner tant de désastres.....

Ainsi la question n'est plus de droit, mais de fait : elle est réduite à cette thèse d'intérêt particulier qu'on appelle *de commodo et incommodo.*

Ainsi il faut accorder en principe, ce qui paroissoit d'abord difficile, que l'hypothèque conventionnelle sur les biens à venir, n'est pas plus impossible à contracter que les autres; qu'elle n'est point repoussée par la nature des choses; qu'elle s'y adapte au contraire très bien, toutes les fois que le législateur n'en a pas interdit la faculté.

Maintenant y a-t-il des raisons pour interdire avec rigueur aux uns, ce qu'on permet avec facilité aux autres, et à tant d'autres?

Non, il n'y en a pas; et l'on peut prouver que la mesure prohibitive est doublement malheureuse, car elle détruit les avantages, et laisse subsister les inconvéniens. Elle abandonne le dissipateur à toutes les chances de l'inconduite, et elle arrache l'homme industrieux à toutes les ressources de son labeur.

Vous ne voulez pas que le fils de famille puisse engager d'avance le patrimoine qu'il doit recueillir un jour; mais comment l'en empêchez-vous? en lui défendant d'hypothéquer, soit: mais cette porte fermée, il se précipite par une autre. Il fait des billets: on obtient contre lui des condamnations, et voilà l'hypothèque judiciaire qui atteint dans l'avenir ce patrimoine que vous vouliez lui rendre inaccessible. Quand le but de la prohibition est aussi complètement manqué, la prohibition devroit tomber d'elle-même.

Mais il faudroit la repousser encore, parce que, sans force pour empêcher le mal, elle a de plus la funeste influence /de s'opposer au bien; c'est un obstacle à la véritable industrie honnête et active. Si l'on peut dilapider, on peut aussi se fonder des moyens de fortune dans l'avenir. Un homme à qui rien n'est encore échu, a pourtant, dans l'ordre naturel, de justes espérances. Des biens de succession lui adviendront un jour; il y a un droit, non ouvert à la vérité, mais qui doit s'ouvrir au moins sur les portions déclarées indisponibles. Qu'il ne puisse en disposer avant l'échéance, soit : mais, pourquoi lui interdire la faculté de s'en aider, de les montrer, de les donner dès à présent en gage?

C'est, dit-on, parce que 'l'hypothèque est une espèce d'aliénation; qu'on ne peut pas aliéner des biens que l'on n'a pas encore; que, dès lors, on ne doit pas pouvoir les hypothéquer.

Et, sans doute, voilà des conséquences rigoureusement déduites d'un principe rigoureux. L'hypothèque est donc tout ce qu'on veut; une quasi-possession, une espèce d'aliénation, une copropriété anticipée. Ce n'est rien de tout cela. L'hypothèque est un droit réel, un droit sur la chose, ajouté au droit qu'on a

sur la personne. Il ne transmet rien, il assure ;
il ne déplace rien, il s'incorpore à l'immeuble,
et le suit. Il est si peu une quasi-possession,
qu'il n'opère point un partage de fruits ; une
copropriété, que le propriétaire a toujours le
droit de disposer seul ; en un mot, c'est un gage
fictif dont l'un s'investit par le droit, sans que
l'autre soit dépouillé par le fait.

Il faut revenir au principe donné par la loi
même ; c'est qu'un débiteur est obligé sur ses
biens présens et à venir : dès que l'obligation
s'élance dans l'avenir, il ne répugne pas que
l'hypothèque, qui n'est que l'accessoire, y
passe avec elle.

Il y a plus ; c'est que le refus de cette faculté
peut, dans beaucoup de cas, faire recourir à la
fraude. On prête avec confiance à un homme
qui paroît être honnête ; on a la perspective des
propriétés qu'il doit recueillir un jour. Mais
ces propriétés ne sont qu'engagées par la pro-
messe de l'obligation ; à l'instant où elles
écheoient, le débiteur contracte une nouvelle
dette, et les hypothèque à son nouveau
créancier.

Sûrement, ce n'est pas par des suppositions
de fraude qu'on doit argumenter contre telle
ou telle disposition de la loi ; la fraude est hors
de toutes les combinaisons, de toutes les règles.

Mais ici, c'est par le principe même qu'on a droit de repousser une distinction arbitraire, qui, sans aucun avantage pour l'intérêt public, a fait dans l'intérêt particulier deux lots; dans des citoyens égaux en droits civils, deux classes, dont l'une jouit pleinement d'une faculté, qui est entièrement interdite à l'autre. La justice veut qu'on l'accorde à tous.

Avec l'égalité des droits, on retrouvera dans la loi une chose toujours désirable, l'unité de principe. Le caractère de généralité sur les biens présens et à venir, est reconnu et consacré par la loi même, pour les hypothèques légale et judiciaire; elle ne doit pas, elle ne peut pas l'enlever à l'hypothèque conventionnelle, parce qu'elle est de même nature que les autres, quoique de différente origine. L'hypothèque acquise par la force de la loi, du jugement, ou de la convention, est toujours le même droit, le droit d'hypothèque.

Que dans les conventions, les parties contractantes le réduisent à tel immeuble, et qu'elles en affranchissent tel autre, cela s'entend très bien. Il est permis de déroger au droit commun, par des stipulations particulières.

Mais alors, la stipulation de l'hypothèque spéciale est une faculté, et ne peut pas être une loi.

Elle ne peut pas être une loi, parce qu'elle est une exception, et que la loi statue essentiellement dans les règles générales.

Donc la loi actuelle qui constitue la spécialité, c'est-à-dire, l'exception en règle générale, est contraire à la nature des choses.

Il faut réformer cette erreur grave, et revenir aux anciens principes, qui sont les bons; et si l'on veut en user sainement, et leur faire des amendemens salutaires; on statuera que toutes les fois qu'il y aura hypothèque spéciale, on ne pourra pas lui adjoindre l'hypothèque générale. C'étoit un abus de faire concourir ces deux stipulations. Quand on a le tout, il est inutile de s'approprier nominativement telle partie; et quand on a grevé une partie suffisante, il est inutile de vouloir s'attacher à tout. Il y a dans l'intérêt personnel, un excès que la loi doit toujours tendre à modérer; la loi doit tenir la balance entre le créancier et le débiteur.

Après la généralité, il faut consacrer en principe l'indivisibilité du droit d'hypothèque.

CHAPITRE II.

Les Hypothèques légale et judiciaire doivent être indi-
visibles, comme l'Hypothèque conventionnelle.

CHAQUE chose a ses élémens; toute loi a des
principes qui régissent la matière : on peut les
modifier sans doute ; les altérer, jamais.

Les lois ne sont point des volontés, ce sont
des règles mises en action.

Elles ne comportent point d'arbitraire, elles
se composent de principes déduits d'une raison
primitive.

Dans tous les systèmes, il faut revenir à des
points donnés. Dans le système hypothécaire,
il faut, quelque chemin qu'on ait fait, remonter
à la nature de ce droit, et l'on verra qu'il est
indivisible.

Partout l'hypothèque est indivisible, et elle
doit l'être. On ne peut pas morceler un gage qui
a été donné et reçu en entier. Cette fameuse
définition, *tota in toto*, *et in qualibet parte*, ne
semble - t - elle pas une enceinte sacrée, qui
défend le domaine de l'hypothèque de tout
envahissement, de toute atteinte ?

La loi actuelle aussi reconnoît que de sa

nature, elle est indivisible. Elle le dit en termes exprès, et pour le définir, elle ajoute :

« Qu'elle subsiste en entier sur tous les im-
» meubles affectés, sur chacun, et sur chaque
» portion de ces immeubles (art. 2114). » Voilà bien le *tota in toto, et in qualibet parte.*

Mais après cette déclaration solennelle, on voit avec surprise, que ce privilége n'est conservé qu'à l'hypothèque conventionelle ; que lés hypothèques légale et judiciaire, sont réductibles, c'est-à-dire, divisibles. Distinction neuve, et très extraordinaire dans le droit.

Mais, dit-on, cette innovation à la vieille doctrine est heureuse dans certains cas ; elle donne des facilités, elle arrange tout le monde, et créanciers, et débiteurs..... Mais ce n'est pas là la question.

Le législateur *fecit quod non potuit.* Il a fait l'hypothèque divisible. Il est certaines perfections qu'il ne faut pas vouloir atteindre. Sans doute, si l'on pouvoit manier l'hypothèque légale ou judiciaire, comme la conventionnelle, on s'arrangeroit de manière à ce que ces hypothèques ne grevassent jamais plus de biens qu'il n'en faut pour la sûreté de la créance.

Il n'en peut pas être ainsi.

Et d'abord, l'hypothèque légale est une sauvegarde générale donnée à tous ceux qui ne peuvent se défendre. C'est la Providence des foibles. Pour que rien n'échappe à son influence, pour qu'elle pourvoye à tout, il faut qu'elle atteigne tout. On ne peut pas circonscrire ses effets, sans altérer son principe.

Mais, dit-on, il est bien naturel qu'un mari, qu'un tuteur ne soient pas grevés dans la totalité de leurs biens, quand la moitié suffit évidemment à la garantie de la dot de la femme, et des droits du mineur.

Oui, cela est naturel ; mais pour que ce soit légal, il faut que le mari, dans le contrat de mariage, le tuteur, dans l'acte de tutelle, donnent et fassent accepter des garanties jugées suffisantes ; et qu'ils se réservent la disposition libre de l'excédent. S'ils ne l'ont pas fait, c'est qu'ils ne l'ont pas voulu, ou que les autres parties intéressées n'y auroient pas consenti, ce qui forme un obstacle permanent à toute réduction postérieure.

Opérez cette réduction, et qui vous répondra que des droits sacrés ne périront pas un jour ? laissez vendre la moitié des biens, l'autre moitié jugée suffisante aujourd'hui, ne le sera plus bientôt, soit par des détériorations, soit par des pertes : tel immeuble aura été ravagé, tel autre brûlé. C'est alors que vous regretterez cette autre portion que vous avez imprudemment déclarée libre, et qui n'existe plus dans le domaine du débiteur.

Quant à l'hypothèque judiciaire, la faculté de la faire réduire est un acte d'indulgence plénière de la part du législateur. Un homme est condamné parce qu'il ne paie pas ; tous ses biens sont grevés par suite de cette condamnation, et il viendra demander qu'on réduise l'hypothèque ! On lui répondra : mais payez. On n'a jamais trop d'hypothèques sur un mauvais débiteur ; or, un mauvais débiteur est sans contredit celui qui se laisse condamner. Et c'est un contraste assez frappant, que d'être sous le coup des condamnations, et de prétendre être en même tems sous l'égide des faveurs de la loi. Le droit de réduction de l'hypothèque judiciaire, est certainement intolérable.

Ainsi on maintiendra l'indivisibilité, parce qu'on ne peut pas faire autrement, et qu'on ne pourroit pas mieux faire. L'hypothèque reconnue générale, indivisible, ne sera pas moins propre à recevoir l'empreinte de la publicité.

CHAPITRE III.

L'Inscription ne doit être annulée, que lorsqu'elle a nui à la publicité, et par suite à l'intérêt d'un tiers.

LA publicité est d'une telle excellence, qu'elle réunit tous les avantages, sans aucun mélange d'inconvéniens; car on n'appellera pas sérieusement des inconvéniens, la gêne qu'elle impose aux hommes de mauvaise foi, et l'impossibilité dans laquelle elle les met de nuire.

Mais en quoi consiste la publicité, et que doit être l'inscription? cette formalité a été comprise de deux manières, par le public, et par les tribunaux.

Les citoyens lui ont donné l'acception la plus simple. La publicité, c'est l'inscription sur le registre. L'inscription n'est pas celle du contrat, de ses clauses, mais seulement du droit d'hypothèque, et de l'objet sur lequel ce droit repose : et pour cela, deux mots suffisent, et dès que l'avertissement est donné, le vœu de la loi est rempli. Voilà ce que tout le monde a cru, ce qui a été la foi commune, et les registres des conservateurs en sont une preuve sans réplique.

Mais les tribunaux ont voulu que des indications fussent des formes substantielles; ils ont mis de la ponctualité, de la rigueur à ce que tout fût expressément et nominativement dit et écrit. Ils ont voulu porter la lumière de la publicité dans tous les replis des contrats, et dépassant évidemment l'intention du législateur et le but de l'institution, lors même que l'hypothèque étoit rendue publique, lorsqu'il étoit impossible qu'aucun intérêt étranger fût compromis, ils ont encore créé, de leur libéralité, des nullités accessoires qui entraînoient la perte du fond du droit.

Alors, sans aucune apparence d'utilité publique ou particulière, cette loi franche, tombée dans le domaine des arguties, est devenue dangereuse. On a compliqué son principe, par les difficultés de l'exécution; on l'a rendue même (chose inouie) favorable dans plusieurs cas à la mauvaise foi, en donnant occasion à des spéculateurs de calculer froidement sur des nullités préexistantes, pour briser les pactes les plus solennels et les plus sacrés. Enfin les choses ont dégénéré à cet abus incroyable: c'est qu'un acte conservatoire a été comprimé, gêné, et strictement jugé avec la sévérité que comportent les actes rigoureux, même les actes réputés odieux dans le droit.

Etoit-ce là le but de l'institution? est-ce le sens dans lequel il faut concevoir et exécuter le système de la publicité? Oui, dit-on, car le législateur s'est prononcé. Voyez la loi du 4 septembre 1807. Elle déclare bien positivement que l'inscription n'est valable que lorsqu'elle contient toutes les formalités prescrites.

La loi ne déclare pas cela très positivement; mais elle le laisse bien entendre, lorsqu'en parlant des autres formalités, elle dit qu'elles sont prescrites. Mais comme il n'est pas vrai, comme il n'est pas dans la nature des choses que toutes ces formalités soient également essentielles, ou même utiles, il faut donc conclure qu'il n'est pas possible que la plus légère et la plus grave entrainent également la perte du droit.

La loi du 4 septembre est une loi de circonstances, et de circonstances forcées, comme nous l'avons déjà fait voir; ce qu'elle aura voulu pour un tems, elle ne doit pas le vouloir irrévocablement et pour toujours.

Ce n'est pas non plus dans ce sens absolu qu'elle a été entendue: on en trouve la preuve dans l'arrêt de la cour d'appel de Paris, du 16 février 1809. Cette cour déclare valable une inscription dans laquelle le domicile réel du créancier n'avoit point été indiqué (c'est pourtant une des formalités prescrites). Elle

5

motive sa décision sur ce que cette formalité
n'est pas substantielle, quand il y a domicile
élu ; et elle la motive sur ces raisons très remar-
quables , que l'inobservation de cette formalité
*ne violant pas le principe de la publicité , ne
portant point de préjudice aux tiers , ne doit
point entraîner la nullité de l'acte.*

Laissons donc à la loi du 4 septembre 1807,
l'empire qu'elle doit avoir et qu'elle a obtenu.
Mais n'étendons pas, par abus de ses termes ,
son influence à des tems , à des choses qu'elle
ne doit pas régir. Prouvons que le système de
rigueur qu'on en voudroit faire résulter, seroit
contraire à l'esprit, et même à quelques dispositions des lois de la matière.

On peut poser ce principe certain, c'est que
les nullités sont de droit étroit. Telle formalité
est prescrite dans les actes de mariage, à peine
de nullité ; telle autre, qui est enjointe également, ne l'est pas à la charge de la même
peine. Le législateur pèse lui-même le degré
d'importance qu'il donne à ses dispositions.
Quand elles sont irritantes, quand leur inobservation doit entraîner la perte d'un droit
acquis, il le dit toujours. Voilà ce qu'on trouve,
non seulement au chapitre du mariage, mais
dans beaucoup d'autres. Et voilà pourquoi on
tient à cet axiôme, vieux comme le droit ,

c'est que deux choses sont impossibles : créer une nullité qui n'existe pas, et appliquer la nullité prononcée dans un cas, à un autre. En un mot, on ne peut ni faire ni étendre les nullités.

Ensuite, il faut faire attention à l'espèce des nullités et ne pas les confondre ; car, suivant les actes auxquels elles s'appliquent, elles produisent des effets bien différens. Il y a des nullités réparables, et d'autres qui ne le sont pas.

Par exemple, les nullités qui s'attachent aux actions sont de l'espèce la moins grave. Vous formez une demande en séparation, en divorce, en expropriation ; mais vous avez omis telle forme, et votre action sera déclarée nulle. Eh bien ! votre droit ne sera pas perdu. Vous formerez une action nouvelle, vous la suivrez bien exactement d'après les formes prescrites, et vous parviendrez, un peu plus tard, à vous séparer de votre femme, à exproprier votre débiteur.

Mais les nullités qui détruisent le droit lui-même, sont d'une toute autre importance. Celles-là ne laissent plus de ressources. Or, la nullité de l'inscription entraîne la perte de l'hypothèque sur l'immeuble, qui en reste affranchi ; il semble donc que cette nullité, qui est d'une conséquence si grave, ne doive pas être

5.

prononcée aussi facilement que les autres ; que, puisqu'elle est mortelle, elle devroit être écrite, comme toute sentence de mort.

Et quel est l'acte qui seroit voué ainsi à la destruction ? L'acte le plus favorable possible, un acte conservatoire. Qu'un droit puisse être difficile à acquérir, que l'acte en soit assujetti à des formes à cause de son importance, et aussi par la nécessité de constater d'autant mieux la volonté des parties, cela se conçoit. Mais est-il rien de si naturel, que de conserver ce qu'on a ? Rien ne doit donc être plus facile.

Les difficultés sont donc ici à contre-sens, et les nullités vraiment déplorables ? Dans ce système, on voit que l'hypothèque seroit un droit plus incertain que tous les autres, dès que son existence dépendroit de deux actes égaux en rigueur. A la différence d'une vente, d'une donation, d'un échange, toutes choses bien acquises, quand elles sont valablement consenties ; l'hypothèque vainement stipulée par la convention qui en donne le droit, seroit anéantie par l'acte qui lui donne la date ; et, pleine de vie dans le contrat, elle viendroit périr et s'éteindre sur un registre de formalité.

Non : ce n'est pas là l'intention du législateur, et ce n'est pas non plus le sens des lois.

La loi de brumaire et celle du code, toutes deux conformes en cela, permettent que l'inscription soit requise par le créancier ou par un tiers. Tout le monde a capacité pour cet acte. Il n'y a pas besoin de procuration pour le faire. Les registres sont ouverts, sont abordables à tous, femmes, enfans, mineurs, étrangers..... Conçoit-on bien, après cela, qu'un acte qu'on facilite avec tant de faveur dans son principe, soit traité ensuite avec tant de rigueur dans ses effets?

Ces lois n'imposent aucune forme à l'inscription, qui doit faire mention du contenu au bordereau : elles définissent seulement ce que doit contenir ce premier acte, si toutefois on peut donner le nom d'*acte* à un simple relevé d'indications qui paroît si peu important, qu'il n'a pas même besoin d'être signé. Cet acte ne comporte aucune forme, par conséquent aucune nullité. L'inscription n'en est que la mention, le report sur le registre : comment donc la simple mention d'une chose seroit-elle nulle, quand la chose elle-même ne l'est pas?

Ce sera donc à cause des omissions? Mais de quelles omissions veut-on parler? Probablement elles ne sont pas toutes de la même importance; si le législateur l'eût cru, l'eût voulu ainsi, au lieu de la mention du contenu au bordereau, il auroit exigé la mention *de tout le contenu;* et pour l'exprimer d'une manière claire pour tous, il auroit exigé la copie.

C'est une remarque qu'on n'a peut-être pas faite. Deux actes principaux sont portés sur les registres des hypothèques.

L'acte de mutation de propriété y est *transcrit.*

L'acte constitutif de l'hypothèque y est *inscrit.*

Il y a bien quelque différence dans l'acception de ces deux mots : qui dit *transcrire,* dit copier un acte; qui dit *inscrire,* dit l'annoncer.

Il y a de la différence aussi dans les motifs qui exigent l'une et l'autre formalités.

Le contrat translatif de propriété doit être transcrit, parce qu'il peut être modifié de diverses manières, et qu'il importe d'en connoître les clauses, les conditions, les charges. Comme aucune partie n'en doit être ignorée, on ordonne la copie du tout.

L'acte constitutif d'hypothèque a dit tout ce qu'il importe de savoir, quand il a dit qu'une hypothèque existe. Ce fait n'a donc besoin que d'être annoncé. La simple inscription, c'est-à-dire, l'avertissement, suffit donc dans ce cas, et c'est l'inscription de l'hypothèque seule, non du contrat; car la loi dit très expressément que c'est l'hypothèque qui doit être inscrite.

La loi déclare donc la différence qu'elle a mise entre ces deux actes; et puisqu'elle n'exige pas la transcription, et qu'elle se contente de *la mention du contenu au bordereau* (1), elle annonce assez clairement qu'elle n'a pas donné à toutes les parties de l'inscription, la même importance, et que le système qui veut que toutes ces parties soient de la substance de l'acte, est essentiellement faux.

Et quand deux lois successives ont gardé les mêmes limites, comment les dépasser? Elles ont voulu toutes deux le même principe, la publicité des hypothèques; elles ont dit toutes deux que la publicité s'opéroit par l'inscription. Si elles n'ont pas attaché, à l'acte de l'inscription, des formes, c'est qu'il ne donne qu'un fait, et que la simple manifestation d'un fait n'en comporte pas. Mais s'il n'y a pas de formes, où donc placer des nullités?

Ici, le silence même du législateur s'explique: il a voulu la publicité, mais il n'a jamais pu dire par avance, quand la publicité seroit acquise, et quand elle ne le seroit pas. Puisque c'est un fait, c'étoit aux tribunaux à le déclarer:

---

(1) Art. 2150.

ils ont à cet égard, non pas une interprétation d'autorité qui supplée la disposition de la loi, mais une interprétation de doctrine, qui déclare le sens, l'application et l'accomplissement de ce qu'elle a prescrit.

Il faut voir au surplus que, si l'on avoit mis des formes à l'inscription, si l'on avoit attaché à cet acte les nullités que comportent certains actes de procédure, on auroit compromis d'une manière étrange, l'intérêt de tous les créanciers.

Le créancier fait son bordereau, et l'inscription est l'ouvrage du conservateur. Le conservateur va donc décider lui seul du sort de l'inscription, suivant qu'il fera bien ou mal mention du contenu au bordereau.

Le créancier le plus soigneux a fait son bordereau parfait, toutes les indications de la loi y sont, rien n'y manque.

Mais le conservateur, distrait, n'en a pas transplanté tout le contenu sur son registre; il a omis une chose quelconque, et voilà l'inscription nulle, l'hypothèque perdue, sans qu'il ait été humainement possible au créancier d'empêcher ce désastre.

En effet, on a jugé (1) que le bordereau

_____

(1) Arrêt de la cour de cassation, du 22 avril 1807.

ne peut suppléer l'insuffisance du registre,
Ainsi voilà qu'il est déclaré que le créancier
qui n'a point de manutention possible du
registre, ne peut éviter sa ruine, même après
s'être conformé scrupuleusement à la loi.

Mais il y a ici quelque chose qui répugne.
Est-ce qu'on peut être puni pour la faute d'autrui, surtout quand cette faute est, à votre égard,
la force majeure que vous n'avez pu empêcher?
elle est ici force majeure. Je dois souffrir de
la faute du notaire, de l'avoué, de l'huissier
que j'ai employés, parce que j'en pouvois
choisir de plus instruits ou de plus diligens ;
mais je suis forcé d'employer le conservateur
que la loi m'a donné.

Mais on a le recours contre le conservateur!
nous allons voir tout à l'heure ce que c'est
que ce recours, et s'il est bien décidé qu'il ait
lieu dans ce cas. Dès à présent, il faut dire que
les dispositions de la loi sont aggravées, puisqu'on fait porter au créancier une peine qui
n'est pas imposée, et la peine d'un fait qui n'est
pas le sien.

Mais le recours contre le conservateur.....!
on sait ce que vaut cette responsabilité d'un
officier public, qui garde sur son registre des
capitaux par millions, et qui en répond avec
un cautionnement de quelques mille francs.

Le conservateur court beaucoup de risques personnels, et ne garantit pas les risques d'autrui (1).

De quoi donc est-il lui-même responsable, et le seroit-il réellement dans l'espèce proposée ?

Toute la responsabilité des conservateurs est renfermée dans l'article 2197 du Code. Ils sont responsables du préjudice résultant :

1°. De l'omission, sur leurs registres, des transcriptions et des inscriptions requises;

2°. Du défaut de mention dans leurs certificats, d'une ou de plusieurs inscriptions existantes.

S'il est vrai qu'on ne puisse pas étendre une responsabilité qui devient pénale par les condamnations auxquelles elle expose, il semble que celle-ci est bien précisément restreinte à deux cas : — celui de n'avoir pas

---

(1) Il n'y a jamais eu de garantie pour les hypothèques, telle que la donnoit la mauvaise loi de messidor. On avoit recours sur le cautionnement du conservateur particulier; en cas d'insuffisance, sur celui du conservateur général; et puis ensuite, sur les produits du tarif *jusqu'à épuisement.* Alors on pouvoit dire : je réponds, car je paye; et cette institution, quelque vicieuse qu'elle fût d'ailleurs, offroit une garantie entière à tous les créanciers.

porté un acte sur le registre ; — celui de ne l'avoir pas mentionné dans un certificat, quand il est sur le registre.

C'est donc l'omission totale des actes, et non l'omission de telle ou telle clause, ou partie d'acte, qui engage la responsabilité. Autrement, la loi ne se seroit pas contentée de dire : L'omission des transcriptions et des inscriptions sur le registre ; elle auroit ajouté : *L'omission dans les transcriptions et inscriptions* sur le registre ; ce qui auroit signalé comme une faute égale l'absence du tout ou de la partie d'un acte.

Le conservateur ne doit pas répondre de l'omission d'une partie d'acte comme de celle de l'acte entier. La loi ne l'a pas dit. Il y a plus ; elle donne l'exemple de la doctrine contraire ; elle prescrit la transcription de l'acte de mutation. Cet acte peut sans doute être mal transcrit ; il peut y avoir sur le registre des omissions, des lacunes ; et si cela est, qu'arrive-t-il ? Rien.

Et pourquoi donc exigera-t-on plus impérieusement toutes les parties d'une inscription d'acte ? Pourquoi prononcera-t-on, sans pitié, la nullité contre le créancier, la responsabilité contre le conservateur ? Sans doute la responsabilité devient la conséquence de la nullité ;

mais il est très remarquable que la nullité, la responsabilité, ne sont prononcées ni l'une ni l'autre par la loi.

Et ce double silence doit paroître une démonstration. Si la loi eût prévu des nullités possibles dans l'inscription, d'abord elle eût dit en quoi elles consisteroient, ensuite comment le préjudice en seroit réparé; elle n'a dit ni l'un ni l'autre : donc le système des nullités n'est pas celui de la loi.

On doit, dans l'espèce, les repousser avec d'autant plus de rigueur, qu'elles sont toujours odieuses, toujours destructives du droit d'autrui. Le droit le plus ancien, le plus respectable, la créance la plus sacrée, vont se perdre à une espèce de jeu, de chance de mots sur un registre. Ils vont être sacrifiés à des droits, à des créances postérieurs. Ainsi, la règle du *potior tempore, potior jure*, est renversée. Le bien affecté à un premier engagement, et qui ne pouvoit plus être grevé à son préjudice, va pourtant solder des créances postérieures, sur l'acquit desquelles on ne devoit pas compter. Dès lors, il ne faut plus se reposer, ni sur la force, ni sur la foi des contrats.

Cependant il ne faut pas moins reconnoître

ce principe nécessaire, c'est que toute loi doit être exécutée.

Dans le système actuel, l'hypothèque doit être rendue publique ; si elle ne l'est pas, elle est comme non existante à l'égard des tiers. Ce n'est plus assez pour elle de la convention qui l'a fait naître, elle a besoin du registre public qui la fait voir à tous.

Ici, il n'y a point de système, point de thèse à élever. Il faut que la loi soit exécutée, que l'hypothèque soit rendue publique par l'inscription.

Maintenant, le fonds de l'inscription se compose des élémens du bordereau ; mais ce qui doit être contenu au bordereau n'est pas ordonné, à peine de nullité, par la loi.

Si l'on dit que l'inscription doit être annullée pour l'inobservation d'une des formalités, ou plutôt d'une des indications requises dans le bordereau, on dit plus que la loi.

Si l'on prétend, au contraire, qu'on peut manquer impunément à toutes ces indications, parce qu'il n'y a de nullité prononcée pour aucune, on dit une absurdité, parce qu'on va jusqu'à justifier l'inexécution de la loi. Il est impossible, en effet, de concevoir qu'il y ait publicité de l'hypothèque dans une inscription qui ne fera pas connoître le nom du débiteur , le nom du créancier , le montant de la créance, et la situation du bien hypothéqué.

La publicité , voilà le fil qu'il faut saisir pour se diriger, pour ne point s'égarer dans l'arbitraire , ou tomber dans l'absurde.

Il faudra donc distinguer entre les indications essentielles et celles qui ne le sont pas ; entre celles qui constituent l'inscription ; et celles qui n'en sont que les accessoires. On ne dira pas que tout est indifférent , parce que cela n'est pas possible ; ou que tout est substantiel, parce que cela seroit ridicule ; mais on dira que telle inscription fait ou ne fait pas connoître suffisamment l'hypothèque ; et d'après cette règle uniforme , elle sera maintenue ou rejetée.

Et qu'on ne dise pas que ces distinctions entre les parties de l'inscription sont arbitraires. Non : elles sont nécessaires, commandées par la nature des choses, et évidemment permises par la loi.

En effet, quand deux lois de suite ne se sont pas expliquées sur le même chapitre ; quand le Code , muet comme la loi de brumaire , évite de dire ce qui peut être nul dans une inscription, lorsque pourtant cette inscription se compose de parties plus ou moins essentielles

qui vont directement, ou qui ne vont point
au but qui est la publicité, il est bien clair
que le législateur s'en est rapporté au juge ;
que le juge doit se servir alors de cette interprétation de doctrine qui lui a été déléguée.
Il lui est interdit, sans doute, de prononcer
par voie de nullité, puisqu'il ne la supplée
jamais ; mais il prononcera que l'inscription
est un acte incomplet, et, dès lors, non avenu
quand elle ne donnera pas la publicité.

La cour de cassation a posé en principe, que
ce qui tient à la substance des actes n'a pas
besoin d'être enjoint à peine de nullité. Ce
principe est incontestable, car ce qui est de la
substance, est de l'existence de l'acte. Il n'y a
pas de vente sans chose vendue ou sans consentement, ou sans stipulation de prix. Il n'y
a pas d'inscription sans consentement du droit
d'hypothèque, et il n'y en aura pas encore sans
publicité ; car il est aujourd'hui de l'essence de
ce droit, et qu'il soit consenti, et qu'il soit rendu
public au rapport des tiers.

Cela posé, quelles sont les parties substantielles de l'inscription ? Ce sont celles-là seulement qui donnent la publicité à l'hypothèque.

Deux choses paroissent essentielles à connoître : Quel est le montant de l'hypothèque ?
Quels sont les biens hypothéqués ?

Remarquons que la publicité n'a pas été établie pour une vaine curiosité, mais pour l'intérêt réel des tiers; et, pour opérer la sûreté des engagemens qu'ils peuvent contracter. Dans ce but, qu'ont-ils à désirer? De savoir si tel bien est hypothéqué, et pour quelle somme il l'est. Certes, voilà pour eux l'essentiel, et voilà tout ce qu'on leur doit. Ils sont avertis qu'il y a tant d'hypothèques sur tel bien; ils ne courent plus de risques, ni par mauvaise foi, ni par erreur; ils peuvent contracter avec une sûreté entière. Voilà le but de la loi obtenu, donc voilà le but de l'inscription rempli; donc voilà, avec ces deux seules indications, une inscription très valable.

Mais s'il y a omission ou erreur dans les nom, prénoms, demeure et domicile, dans la profession du créancier, ou du débiteur; si on ne donne pas la date du titre, l'espèce et la situation des biens, l'époque de l'exigibilité, l'inscription dénuée de plusieurs de ces renseignemens, sera-t-elle nulle?

Non, si la créance hypothécaire a acquis une suffisante publicité.

Non encore, si quelque tache, en voilant la publicité, ne l'a pourtant pas fait disparoître, et n'a pas nui au droit d'un tiers.

Cette règle que nous posons ici n'est point

arbitraire; elle s'appuye au contraire sur les bases mêmes de la loi.

Qu'a-t-elle voulu? car il faut sans cesse revenir à cette question. Que personne ne fût trompé; qu'un engagement ne fût pas contracté par ignorance d'un autre qui l'auroit empêché s'il eût été connu. Quand le registre aura dit à un homme, un tel doit payer tant, n'importe quand, n'importe à qui, mais il doit cette somme, et ses biens en sont déjà grevés; voilà l'avertissement donné, il suffit. Traitez-vous ensuite? Alors vous l'avez bien voulu; s'il y a du risque, vous avez encore bien voulu le courir; et si ce risque arrive, vous n'en pouvez rejeter, ni la plainte, ni la perte, sur moi créancier premier inscrit, pour quelques vices de mon inscription; ou bien alors vous faites envers moi une œuvre de mauvaise foi et d'iniquité, dont aucun tribunal ne voudra se rendre complice.

Maintenant, reprenons les parties qui ne sont point constitutives, mais accessoires de l'acte d'inscription.

Omission, ou erreur dans la profession du créancier, ou du débiteur. Cela est de la dernière indifférence.

Omission, ou erreur dans les noms et prénoms, soit du débiteur, soit du créancier. Cela importe plus, mais à qui? au créancier lui-même, à ce créancier déjà inscrit, et qui doit l'être à ses risques et périls : celui-là pourra perdre son hypothèque, s'il ne l'a pas suffisamment renseignée au conservateur.

Mais il ne faut pas dire que cette inscription soit incomplète par rapport au tiers. Celui-là sait toujours très bien avant de contracter, qu'il y a un créancier déjà inscrit pour telle somme, sur tel bien. Du reste, que le créancier s'appelle Pierre ou Paul; que son nom soit bien ou mal désigné; qu'il demeure à tel ou tel endroit, peu lui importe. C'est l'existence de la créance qui le touche, et non les indications précises d'un créancier qui mourra peut-être demain, et transmettra ses droits à des gens quant à présent innommés.

Quant aux noms et demeure du débiteur, le tiers (car c'est toujours dans son intérêt qu'il faut raisonner) ne peut s'y méprendre, puisque c'est ce débiteur qui se propose de contracter avec lui, et qui peut si aisément justifier de son identité.

On peut juger par un exemple, si l'on a le droit d'ajouter de la rigueur à ces injonctions et de les rendre pénales.

La loi du 25 ventose an XI, sur l'organisation du notariat, prescrit aussi l'énonciation des noms, prénoms, profession des parties contractantes; elle ne dit pas, elle ne veut pas même que ce soit à peine de nullité; car son art. 68, qui spécifie tous les cas où la nullité est attachée à l'inobservation d'une disposition, n'y comprend pas celui-ci. Comment vouloir à présent qu'une omission, qui ne vicie pas l'acte principal qui est le contrat, vicie l'inscription qui en est l'accessoire? comment l'hypothèque qui est bien et valablement stipulée, sera-t-elle dans le même cas irrégulièrement et nullement inscrite? cela implique contradiction, Il faut donc interpréter par la loi du contrat, la loi de l'hypothèque, et dire que la nullité qui n'existe pas dans l'une, ne peut pas être ajoutée à l'autre.

Mais la date du titre qui constitue l'hypothèque, n'est pas plus essentielle à connoître. Et que signifie donc à présent la date de ce titre? oublie-t-on que c'est le registre seul qui donne la date de l'hypothèque? le tiers qui lit une inscription sur ce registre avant de contracter, sait bien qu'elle existera avant la sienne; sa priorité de dix ans ou d'un jour, est pour lui la même chose; donc la date du titre lui est absolument indifférente.

Il est bien vrai que, statuant dans d'autres vues, les tribunaux ont fait dépendre la validité de l'inscription, de la date du titre qui confère l'hypothèque. Y a-t-il, dans cette date, erreur ? L'hypothèque est perdue ; car les tribunaux vous disent, vous avez inscrit une hypothèque du 10 août, et le titre qui vous confère cette hypothèque est du 11. Vous voyez donc que vous avez inscrit une hypothèque que vous n'avez pas ; que vous n'avez pas inscrit celle que vous avez ; donc point d'hypothèque.

Voilà de ces décisions qu'on rend tous les jours, et auxquelles il est impossible de se soumettre. Je n'inscris pas mon titre, mais mon hypothèque. Elle provient de tel acte ou de tel autre, elle est du 10 ou du 11, que vous importe à tous ? Je justifierai, quand il en sera tems, que j'ai un titre quelconque. Dans le moment de l'inscription, j'annonce que j'ai une hypothèque, j'avertis, et voilà ce que la loi demande. Quand on en viendra à l'ordre, et que chacun demandera son paiement, alors, et alors seulement, il s'agira de savoir à quel rang je serai colloqué. Mais en attendant, mon erreur n'a nui à personne, et j'ai rempli le but de la loi en donnant la publicité.

Si l'on se renferme bien dans le système de la publicité, on verra qu'il ne va pas au delà. On sera convaincu qu'il a été établi unique-

ment dans l'intérêt des tiers ; et l'on en tirera
cette conséquence certaine, que toutes les fois
que l'intérêt d'un tiers n'a pas été blessé, l'intérêt du créancier inscrit ne peut pas souffrir.

Cela s'applique au cas où le montant de la
créance a été mal déterminé. Si l'inscription
ne porte que 20,000 fr. quand la créance est
de 30,000 fr., dira-t-on que la véritable créance
n'est pas inscrite, et que celle qui est inscrite
n'existe pas ? Non ; au lieu de subtiliser, on
verra tout simplement, et l'on dira que c'est la
même créance ; mais que n'ayant été rendue
publique que pour 20,000 fr., l'hypothèque
n'en sera conservée qu'au prorata.

Fandra-t-il rejeter l'inscription, parce qu'elle
n'aura pas déclaré l'espèce et la situation des
biens grevés d'hypothèque ?

Ici, c'est l'idée de la spécialité qui s'annonce.
Elle est juste, si on ne lui donne pas trop
d'étendue. Dans la stipulation de l'hypothèque
spéciale, de celle qui affecte un hectare de
terre, et qui ne grève pas l'autre qui fait partie
du même domaine, il est nécessaire de spécifier
l'espèce, la situation de la portion hypothé-
quée, afin de la distinguer de celle qui ne l'est
pas.

Mais lorsqu'un débiteur a affecté tous ses
biens, soit par l'effet de l'hypothèque géné-

rale, si elle est rétablie, soit par l'effet de l'hypothèque actuelle qu'on aura étendue successivement à tout ce qu'il a, il n'y a plus de nécessité de distinguer dans l'inscription ce que le contrat a confondu. Il suffira donc de dire qu'on s'inscrit sur les biens de ce débiteur, situés dans tel arrondissement.

Faudra-t-il enfin annoncer, à peine de nullité, l'époque d'exigibilité de la créance hypothécaire ? La loi du 4 septembre 1807, dit bien que cela est nécessaire, puisqu'elle ordonne la réformation de toutes les inscriptions dans lesquelles l'époque de l'échéance a été omise.

Soit : dans l'état actuel de la jurisprudence, le législateur a pu statuer ainsi. Mais les principes de la loi sont très indépendans des décisions que les circonstances ont fait rendre.

A qui donc importe-t-il de savoir à quelle époque une créance doit être acquittée ? Au créancier, sans doute, et au débiteur ; mais le contrat qu'ils ont fait ensemble leur en dit assez, sans qu'un registre d'hypothèques le leur annonce.

Est-ce nécessaire au tiers, qui est dans la disposition de contracter et de devenir créancier lui-même en seconde ligne ? Pas du tout. Que lui importe une première créance, pourvu que la sienne soit assurée ? Le débiteur paiera

à une époque ou à une autre, ou ne paiera
pas du tout : cela devient indifférent à celui
qui a donné sa confiance à la chose, non à la
personne, et qui a voulu seulement s'assurer
que sa créance n'excédoit pas les facultés de
son débiteur.

Enfin, l'acquéreur a-t-il plus d'intérêt que
le créancier de connoître l'époque d'exigibilité ? Oui : quand cet acquéreur ne purge pas,
il jouit des termes accordés au débiteur ori-
ginaire ; et dans cette espèce, il a intérêt
de les connoître. Mais puisqu'il traite directement avec son vendeur, et qu'il est déjà
instruit par le registre des dettes qui le grèvent,
rien de plus facile pour lui que de se faire
justifier de l'échéance de ces dettes ; le silence
du registre à cet égard a, si l'on veut, le petit
inconvénient de ne pas satisfaire la curiosité ;
mais il n'a pas l'effet de compromettre les intérêts du tiers-acquéreur.

D'ailleurs, cette espèce est rare et d'exception. La règle générale est, que tout acquéreur purge, parce qu'il a intérêt d'avoir une
propriété libre ; et alors l'époque d'exigibilité
lui est indifférente, puisque toutes les créances
deviennent exigibles pour lui, et qu'il doit
offrir de les acquitter toutes, sans distinction
de créances à terme ou sans terme, jusqu'à
concurrence de son prix.

Ce nouveau droit introduit par le Code, faisoit cesser celui de la loi de brumaire. Par celle-ci , l'acquéreur, qu'il purgeât ou non, jouissoit des termes dans tous les cas; il avoit donc intérêt de les connoître; et cette loi attachoit donc, avec raison, de l'importance à l'indication de l'exigibilité. Mais quand l'exigibilité arrive par la mutation même, indépendamment des termes accordés par le contrat , tout est changé. L'indication importante dans la loi de brumaire est devenue de peu d'intérêt sous l'empire du Code. Donc, si on a pu attacher à l'inobservation la nullité sous l'empire de la loi de brumaire, il auroit fallu s'en garder sous l'empire du Code , comme d'une peine devenue sans motif et sans objet.

Si l'on adopte les amendemens simples ; les réformes salutaires que nous proposons , tant sur le fonds du droit d'hypothèque que sur la formalité de l'inscription, on obtiendra les résultats suivans :

Maintien des principes constitutifs de tout droit d'hypothèque ;

Unité de ces principes qui gouverneront désormais toutes les espèces d'hypothèques sans distinction ;

Uniformité de dispositions dans la loi; suppression de ces exceptions fatales qui embrouillent la matière et ébranlent les règles sous prétexte de les consolider;

Facilité d'exécution désirable, surtout dans une loi de tous les jours et de toutes les affaires; facilité dans la constitution du droit, dans l'inscription qui lui donne la publicité;

Des nullités nombreuses et sans cesse renaissantes, disparaissant devant la simplicité des formes.

Voilà les résultats que la loi peut atteindre.

Ils amèneront à leur tour, dans les transactions, une confiance que les difficultés actuelles ont bannie : car c'est *legis ad exemplar ;* c'est en considération des sévérités de la loi, des aspérités de la jurisprudence, que les citoyens sont devenus défians, ombrageux. Il le falloit bien, puisqu'ils se croyoient environnés de piéges, et que des exemples fameux rappeloient à chaque instant des pertes non prévues et non méritées.

Les contrats se multiplieront quand leur garantie sera assurée ; et la publicité, enfin, procurera, sans périls et sans peine, tous les biens qu'elle promet, et qu'on n'a, jusqu'alors, qu'imparfaitement obtenus.